» IL CAMMEO «

VOLUME 554

RITA LEVI-MONTALCINI: AGGIUNGERE VITA AI GIORNI

A cura di
RAFFAELLA RANISE
e
GIUSEPPINA TRIPODI

PROPRIETÀ   LETTERARIA   RISERVATA
Longanesi & C. © *2013 – Milano*
Gruppo editoriale Mauri Spagnol

www.longanesi.it

ISBN 978-88-304-3464-6

Le autrici e le curatrici hanno rinunciato ai loro diritti in favore della Fondazione Rita Levi-Montalcini Onlus.

Per essere informato sulle novità
del Gruppo editoriale Mauri Spagnol visita:
www.illibraio.it
www.infinitestorie.it

RITA LEVI-MONTALCINI: AGGIUNGERE VITA AI GIORNI

« L'istruzione rende gli individui
liberi di compiere le proprie scelte. »

Rita Levi-Montalcini

PREFAZIONE

Il ruolo della solidarietà per il futuro della specie umana

di
Giuseppina Tripodi

Esiste un nesso che collega povertà, istruzione, salute, economia e sostenibilità ambientale, a livello mondiale: la conoscenza, elemento essenziale per lo sviluppo umano. Per contrastare il degrado apparentemente inarrestabile delle risorse ambientali del nostro pianeta è necessaria un'azione che mediante opere concrete di solidarietà porti a cambiare la situazione e incidere laddove le condizioni di vita sono più drammatiche.

Per Rita Levi-Montalcini diffondere l'istruzione nel continente africano ha rappresentato non solo una sfida educativa ma anche una componente essenziale nello sforzo per promuovere lo sviluppo sostenibile e affermare i valori democratici a livello mondiale. Con l'istruzione si possono abbattere barriere insormontabili ed è questo il motivo per il quale ha costituito la Fondazione che porta il suo nome e che ha presieduto fino alla morte, per sostenere l'istruzione a tutti i livelli, dalla scuola primaria alla formazione post universitaria delle ragazze e delle donne di diversi paesi africani, in contesti in cui purtroppo questo diritto viene ancora loro negato.

Tutte le persone sostenute dalla Fondazione Rita Levi-Montalcini Onlus, non solo giovani donne, ma anche bambini di entrambi i sessi, ragazzi e ragazze ex soldato, ce l'hanno fatta perché, secondo le parole del giudice della Corte suprema degli Stati Uniti Thurgood Marshall, «qualcuno si è chinato ad aiutarle», e quel «qualcuno» speciale era proprio Rita Levi-Montalcini.

Oggi, all'inizio del Terzo millennio, la sfida da lei lanciata diviene un investimento per favorire lo sviluppo e per centrare gli Otto Obiettivi del Millennio indicati nel 2000 dalle Nazioni Unite.

Certo, si può tranquillamente continuare a condurre la propria esistenza senza avere la minima consapevolezza di quanto sia importante il nostro aiuto per i poveri del Sud del mondo, ma il principio di solidarietà dovrebbe condurre tutti noi alla ricerca efficace di meccanismi appropriati per ridistribuire le ricchezze affinché i popoli in via di sviluppo possano non soltanto soddisfare le esigenze basilari, ma anche progredire per raggiungere un vero sviluppo umano.

Quando qualcuno le chiedeva quale fosse lo scopo della sua vita, Rita Levi-Montalcini rispondeva così: «Recare aiuto al prossimo, un obiettivo che ha per me la priorità su tutto e che da sempre ha guidato e stimolato la mia esistenza».

Fedele a queste parole, Rita Levi-Montalcini ha messo al servizio dei più svantaggiati le sue conoscenze, la sua esperienza e soprattutto la sua saggezza, nella lotta contro la sopraffazione, la miseria, l'ignoranza, la violenza.

Nel corso della sua lunga attività, ha sempre promosso le sue idee sulla solidarietà intesa come capacità di essere sensibili alle istanze di chi soffre e come impegno concreto a risolvere i problemi comuni e finalizzata a ottenere un duplice risultato: pervenire allo sviluppo dell'individuo e assicurare un certo livello culturale che consenta a ciascuno di compiere in autonomia le proprie scelte e di decidere in modo libero e paritario.

La pubblicazione di questo libro ha lo scopo di supportare le iniziative della Fondazione Rita Levi-Montalcini Onlus per il sostegno all'istruzione delle giovani donne africane, alimentando il sogno che Rita Levi-Montalcini puntava a realizzare nel momento in cui costituì la fondazione che porta il suo nome.

Grazie Rita per la tua lezione di vita a nome di tutti.

È iscritto nel suo patrimonio genetico:
Vincerà in molti lati.
È sempre riuscita a edificare
con sapienza,
ha eretto le sue sette colonne
con grande abilità,
ha ricercato nei palinsesti della scienza,

*si muove con destrezza
nella pianificazione della vita sociale.
Si batte per la difesa
e lo sviluppo dei valori,
della cultura, dell'educazione.
Proclama decreti
per i doveri umani,
lotta per offrire nuove speranze
ai giovani e alle donne.
Solidarietà concreta
verso chi ha il diritto di vivere
con dignità un mondo migliore.
È iscritto nel suo destino:
Vincer in lotta i mali
per un futuro che non le appartiene.*

G.T.

PREMESSA

L'incontro

di
Raffaella Ranise

Il taxi mi stava accompagnando nella sede della Fondazione Rita Levi-Montalcini Onlus. Mentre mi lasciavo trasportare, Roma scorreva davanti ai miei occhi e io cercavo di dominare l'emozione, anche se l'adrenalina scorreva forte nelle vene.

Sapevo che non avrei incontrato Rita Levi-Montalcini, almeno non quel giorno, ma avrei definito il progetto con Giuseppina Tripodi, da quarant'anni l'insostituibile collaboratrice, l'amica fidata, l'ombra e la spalla.

È stato il desiderio di scrivere un libro sulle donne a condurmi fin qui, la voglia di raccontare la forza, il coraggio, la determinazione di chi ha raggiunto il successo. Un messaggio positivo, in un periodo non facile, in cui le donne spesso sono costrette ad abbandonare il lavoro, ad affrontare situazioni precarie o a fare i conti con la disoccupazione.

Durante un incontro la professoressa Enrica Minale, docente di diritto del lavoro presso l'Università di Genova, mi ha suggerito: «Parta, parta dall'alto e vedrà che verrà un buon lavoro». E così ho fatto, sono veramente partita dall'alto, dal nome che per ogni donna rappresenta un simbolo: Rita Levi-Montalcini.

Il giorno seguente ho telefonato alla Fondazione che porta il suo nome e ho esposto la mia idea a Giuseppina Tripodi. Forse era il mio giorno fortunato, forse una buona stella ha vegliato su di me, e subito la mia proposta ha trovato ascolto e abbiamo deciso di incontrarci.

La mia prima visita alla Fondazione era fissata per il mese di settembre 2010. Nel frattempo mi sono informata sulle finalità della Fondazione, a cui la grande scienziata e umanista ha dedicato grande impegno: sostenere l'istruzione delle donne e dei bambini nei Paesi in via di sviluppo, in particolare nel continente africano. Sono rimasta affascinata dalla profonda umanità di Rita Levi-Montalcini e ho maturato subito la decisione di devolvere il ricavato del libro alla Fondazione.

Nel giorno fissato, sono scesa dal taxi con dieci minuti di anticipo, ma ho suonato ugualmente al citofono. Ha aperto una segretaria e mi ha comunicato che la dottoressa Tripodi sarebbe arrivata con qualche minuto di ritardo, perché trattenuta a casa della professoressa Levi-Montalcini.

Poi mi ha invitata ad attendere in una sala elegante, semplice, rigorosa alle cui pareti erano esposte alcune opere di Paola Levi-Montalcini, la sorella gemella della professoressa. Ho avuto la sensazione di essere già stata in un interno analogo, quasi un déjà-vu. C'era silenzio e io ho iniziato a sfogliare il libro *Cantico di una vita*, la raccolta delle lettere scritte da Rita Levi-Montalcini dagli Stati Uniti dal 1946 al 1970 alla mamma e alla sorella, ciascuna aperta dalla frase «Mamma e Pa mie», un saluto intimo, che ritorna intatto in ogni lettera.

Ho letto molto su di lei, spesso ho faticato a comprendere la portata delle sue scoperte e sono sicura di non essere stata in grado di capirle fino in fondo, ma ho avidamente cercato il lato umano, i sentimenti, la fatica, le gioie e spero di averli almeno in parte scovati.

Ero immersa in questi pensieri, quando ho sentito aprirsi la porta alle mie spalle. Una signora dall'aspetto gentile mi ha sorriso e si è presentata: «Sono Giuseppina Tripodi».

Nel ricambiare il saluto ciò che mi ha sorpresa di più è stata la sua dolcezza. È bello incontrare persone che comunichino stati d'animo positivi, soprattutto di questi tempi. Abbiamo iniziato a parlare.

«Oggi non può incontrare la professoressa, ma è al corrente del progetto e ha acconsentito che io le parli di lei. Non appena sarà possibile, potrà conoscerla di persona.»

Ho provato una grande gioia: Rita Levi-Montalcini sapeva che avrei scritto un libro per la Fondazione e la mia proposta le era piaciuta!

In quell'istante ho capito che il libro sarebbe divenuto realtà, ma quel giorno non potevo ancora immaginare fino a che punto la professoressa avesse creduto in me.

Questo libro riporta la testimonianza di donne straordinarie che hanno accettato di raccontare la loro storia. In ciascuna di loro ho cercato la persona al di là del personaggio e ogni incontro si è rivelato un'esperienza irripetibile, come entrare in un'altra dimensione per immedesimarmi nella loro vita. Ognuna di loro ha lasciato in me una traccia indelebile e sono onorata di avere avuto il privilegio di conoscerle.

Sono riuscita però a carpire il segreto del loro successo?

Per quanto mi riguarda credo di sì e lascio al lettore l'emozione di scoprirlo. Gli spunti che ci hanno consegnato sono molti, spetta a noi saperli cogliere.

Ogni testimonianza, su suggerimento di Rita Levi-Montalcini, si chiude con la stessa riflessione, che la grande scienziata pone anche a ciascuno di noi: che cosa intendiamo per solidarietà, che ruolo ha nella nostra vita?

Per usare un termine di Maria Luisa Spaziani mi sono trovata a essere «Messaggera di Rita» e come tale mi sento in dovere di diffondere il grande valore della solidarietà e dell'istruzione come chiave dello sviluppo.

Sarebbe troppo semplice far finta di niente. Al di là delle nostre idee politiche e convinzioni religiose abbiamo una grande occasione, far sì che la nostra vita possa essere di esempio in ogni contesto, in ogni campo, in ogni realtà.

RITA LEVI-MONTALCINI

Sono cresciuta in una famiglia molto unita. Il legame con i miei genitori, la mamma soprattutto, e con i fratelli Paola, Gino e Nina, è sempre andato al di là del mio lavoro.

Con Paola ho sempre avuto un rapporto speciale, eravamo gemelle e questo ci univa in modo unico, tanto che a tratti desideravamo escludere gli altri dal nostro mondo, soprattutto nei primi anni di vita. Sia fisicamente sia caratterialmente siamo sempre state diverse, in quanto gemelle biovulari. Lei era espansiva e solare; io ero schiva, timida e insicura, mi trovavo in difficoltà a socializzare con gli altri e preferivo rimanere in disparte e osservare il mio mondo. Anche fisicamente Paola e io siamo sempre state diverse: lei assomigliava a nostro padre, io alla nonna materna. Le nostre differenze influivano anche sui rapporti con i genitori: io ho sempre avuto un legame molto forte con la mamma, Paola con papà, che amava la sua solarità e soffriva per la mia ritrosia a dimostrare affetto nei suoi confronti, la fatica che facevo persino a dargli un bacio.

Crescendo ho instaurato un ottimo rapporto anche con gli altri miei fratelli, Gino e Anna, che in famiglia chiamavamo Nina.

Paola e Gino condividevano la passione per l'arte, soprattutto per la scultura. Gino divenne uno dei più famosi architetti dell'epoca, Paola un'artista di grande successo. Ho sempre ammirato la sua arte. Nina e io, invece, eravamo mosse dalla stessa attrazione per la letteratura e sognavamo un futuro letterario che per nessuna delle due fu destino realizzare.

Nella nostra famiglia ci sono sempre stati attenzione e rispetto per la persona. Papà amava definirsi un «libero pensatore» e questa libertà e indipendenza di pensiero era talmente radicata in lui da andare contro la mentalità dell'epoca. Nonostante fosse ebreo, mal sopportava il rigore e il formalismo del suo popolo, e di conseguenza né lui né noi frequentavamo la sinagoga, una scelta che in famiglia creava non poco imbarazzo, soprattutto da parte di mamma. La mia visione assolutamente laica dipende senz'altro da lui. Quando ero soltanto una bambina gli domandavo perché non andassimo in chiesa o nella sinagoga e a quale religione appartenessimo, lui mi rispondeva «noi siamo liberi pensatori».

Mio padre è mancato troppo presto, quando avevo appena ventitré anni. Mia sorella Paola, come già accennato, l'ha adorato in vita, io invece l'ho venerato dopo la sua morte. Prima, vedevo soprattutto certi aspetti della sua mentalità che mal si accordavano con il mio carattere e che crearono tra noi un ostacolo di cui in seguito mi sarei pentita.

Mio padre, infatti, pur adorando noi fratelli e mia madre, aveva una concezione della vita secondo cui spettava solo e soltanto all'uomo decidere della vita dei figli. Io fin da piccola ho percepito questa mentalità come un'ingiustizia.

Ammiravo la bellezza e la dolcezza di mia madre e non capivo perché si sottomettesse alla volontà di nostro padre, e lui avvertiva la mia resistenza. Inoltre non riteneva necessario che la donna proseguisse gli studi e pensava che per noi figlie femmine fosse sufficiente il diploma.

Tuttavia egli non avrebbe mai sostenuto che la posizione di preminenza dell'uomo nella società dipendesse da maggiori potenzialità intellettuali, semplicemente l'attribuiva alla diversità dei ruoli. Dal mio punto di vista si trattava solo di un'inaccettabile incongruenza della società, radicata in secoli di storia.

Il fatto di avere nel DNA due cromosomi x, invece che un cromosoma x e uno y, è assolutamente casuale ed è inconcepibile che ciò determini il grado di istruzione e di affermazione di una persona. Questo non l'ho mai potuto accettare. Come non condividevo la divisione delle scuole elementari, con una netta separazione tra gli istituti femminili e quelli maschili e, procedendo con gli anni, l'idea di impartire alle ragazze un'istruzione finalizzata a svolgere il ruolo di moglie e madre.

Tra noi sorelle, solo Nina si sentiva tagliata per il matrimonio e rinunciò alla sua passione letteraria per sposare un lontano cugino. Paola e io, invece, non ci ritenevamo adatte a crearci una famiglia e volevamo seguire le nostre inclinazioni: Paola l'arte, io la medicina.

Per me, in realtà, non fu affatto immediato trovare la strada. Mi iscrissi a medicina relativamente tardi e fu una tragica circostanza a farmi prendere una decisione che forse stavo maturando già da tempo: la malattia e la morte della cara Giovanna, la governante che ci aveva cresciuto. Inizialmente ebbi paura di comunicare a mio padre la mia intenzione ma, con l'aiuto di mamma, trovai la forza. Mio padre accettò, o meglio, non lo impedì, anche se mi avvertì che si trattava di un percorso difficile, poco adatto a una donna. Le ragazze iscritte al primo e al secondo anno erano soltanto sette, tra cui mia cugina Eugenia e io. Ricordo con piacere quegli anni di studio, i compagni di corso e di tirocinio.

Nel 1932 mio padre morì, sconfitto dal suo cuore malato. Il destino gli risparmiò le atrocità della guerra e le persecuzioni che schiacciarono l'intera etnia ebraica.

Mi dedicai allo studio con crescente impegno e ardore ed entrai come interna nell'Istituto di Anatomia, retto dal celebre professor Giuseppe Levi, una persona straordinaria, con cui nel tempo avrei condiviso gli studi, ma dal quale al tempo stesso mi separavano alcune diversità di vedute. È stato un maestro, perché sapeva trasmettere ai suoi allievi amore per la ricerca, coraggio e indifferenza alla paura. Intensificai le amicizie con i compagni di corso, con i quali negli anni avrei condiviso studi e successi, come Salvador Luria e Renato Dulbecco.

Impercettibilmente ma inesorabilmente la nostra condizione di ebrei iniziò a divenire ogni giorno più difficile, ma fui felice della laurea conseguita nel 1936, che rappresentò per me un traguardo importante, anche perché in quel momento non potevo ancora immaginare le difficoltà private e professionali che mi attendevano.

La campagna antisemita iniziò in maniera larvata, subdola, poi divenne sempre più esplicita ed esplose nel 1938, tanto che divenne impossibile a causa delle leggi razziali esercitare la professione o continuare le ricerche in università. Provai lo sgomento di chi è attaccato senza la possibilità di difendersi, il senso di profonda ingiustizia e l'aberrazione delle leggi razziali, il terrore di chi deve nascondersi e si vede negati improvvisamente tutti i diritti, anche la possibilità di lavorare.

Nel 1939 accettai un lavoro a Bruxelles, ma a fine dicembre rientrai in Italia. La gioia di essere riunita alla mia famiglia si scontrava con la rabbia di non poter continuare l'attività scientifica. Reagii mettendo in piedi un minuscolo laboratorio improvvisato, costituito da apparecchiature semplici e superate, che avevo accumulato nella mia camera da letto. Avevo un piccolo termostato, che faceva le veci di un'incubatrice, uno stereomicroscopio, micro forbici, microbisturi e pinze da orologiaio. Grazie a questi rudimentali strumenti riuscii a portare avanti le mie ricerche sugli embrioni di pollo, che in seguito sarebbero diventate fondamentali nelle mie scoperte. Gli esperimenti occupavano per intero le mie giornate e spesso Giuseppe Levi mi raggiungeva per seguire le ricerche scientifiche. In seguito mi sono chiesta come potessi ignorare la situazione drammatica che stavamo vivendo e la paura per le nostre vite immergendomi totalmente negli studi di neuroembriologia e la risposta è semplice: il disperato desiderio di vita porta l'essere umano a ignorare la realtà più dura, perché solo così può continuare a vivere.

Gli anni del secondo conflitto mondiale furono atroci. Tutta la mia famiglia fu costretta a nascondersi, ma io non ebbi mai paura, fui costantemente animata dalla fiducia nella vita e dall'indifferenza verso il pericolo.

Gli anni più difficili giunsero verso la fine del conflitto, quando più volte sfuggimmo all'arresto solo per miracolo. Riuscimmo a trovare rifugio a Firenze, sotto falso nome. Paola e io ci prodigammo nella preparazione di documenti falsi, da distribuire alle famiglie nella nostra stessa situazione. Avrei voluto avere un ruolo più attivo nella lotta partigiana, ma sentivo di dover proteggere la mamma, che adoravo, e Paola, in quei momenti estremamente difficili. Abbandonai per un po' gli studi scientifici e mi dedicai all'attività di medico e infermiera, cercando di dare più aiuto possibile agli sfollati che arrivavano in continuazione. L'orrore e la sofferenza che vidi in quei momenti mi convinsero che non avrei esercitato la professione medica, ma avrei ripreso appena possibile le mie ricerche.

Dopo gli anni terribili del conflitto, l'Italia e il mondo desideravano riprendere la vita con la normalità di un tempo. Il dolore aveva lasciato in ognuno di noi ferite difficili da rimarginare, ma ancora una volta la vita prevalse sugli orrori.

Anche per me la vita ricominciò da dove si era interrotta: il professor Levi, che era stato reintegrato nel suo posto di lavoro all'università, mi offrì di riprendere il percorso iniziato con lui e io accettai, ma la vera occasione si presentò quando, dopo un periodo a Napoli, accettai l'offerta di recarmi per un breve periodo negli Stati Uniti: partii per un'esperienza di sei mesi e mi fermai trent'anni!

Nel mese di settembre del 1947 mi imbarcai a Genova insieme a Renato Dulbecco, diretta a New York, dove sarei arrivata dopo due settimane di viaggio, e poi a St Louis dove mi attendeva un incarico alla Washington University sotto la guida dell'embriologo Viktor Hamburger. La cultura americana mi conquistò da subito. I campus universitari erano all'avanguardia, molto diversi dagli ambienti che avevo fino ad allora frequentato, e offrivano tutte le condizioni e gli strumenti ideali per fare ricerca. Mi trovai immediatamente a mio agio, sia in ambito universitario sia come stile di vita. Fu un periodo molto positivo, anche se sentivo la nostalgia di casa e delle persone a me più care.

Le ore erano scandite dalle ricerche in laboratorio e dalle lezioni, più avanti dalle conferenze per la presentazione degli studi di laboratorio. Già negli anni Cinquanta mi resi conto che i miei studi, incentrati sul sistema nervoso, potevano portare a importanti innovazioni in campo medico. In particolare, mi concentrai su una mia intuizione: i tessuti dalla periferia rilasciavano una sostanza umorale indispensabile per lo sviluppo delle cellule. Si trattava di un'idea che andava contro i dogmi del tempo, ma io ero sicura che quella sostanza esistesse e le mie ricerche me ne diedero infine la conferma. In seguito il frutto delle mie ricerche sarebbe stato denominato Nerve Growth Factor (NGF)*, una scoperta capace di portare verso concetti del tutto nuovi.

Furono anni di grande ricerca e di impegno costante, ma la realtà americana mi consentiva di dedicarmi interamente al lavoro. Spesso mi recavo in università al mattino prima delle otto e mi fermavo fino a tardi la sera. Sentivo che i miei sforzi andava-

---

* *Nerve Growth Factor*: «fattore di crescita nervoso», scoperto da Rita Levi-Montalcini negli anni Cinquanta. Grazie a questa scoperta nel 1986 la Professoressa fu insignita del premio Nobel per la Medicina, insieme al biochimico statunitense Stanley Cohen. [*N.d.C.*]

no nella direzione giusta e questo mi dava la motivazione per procedere con la massima dedizione.

Tornai in Italia negli anni Settanta e iniziai a dividere la mia attività tra l'Italia e gli Stati Uniti.

Spesso ho incontrato uomini di scienza poco umanisti, forse perché troppo concentrati sulla propria attività professionale. Io invece sono fermamente convinta che la scienza non possa prescindere dall'uomo, che debba essere al servizio dell'umanità, con i suoi pregi e i suoi inevitabili difetti, inscindibili dalla condizione umana.

Ho sempre pensato che le qualità che rendono una persona speciale non siano la supremazia intellettuale o la forza o la sicurezza. Penso piuttosto che le persone straordinarie siano coloro che riescono a vivere la vita con sensibilità d'animo, che sanno dedicarsi al prossimo e amare la vita per ciò che giorno dopo giorno sa regalare.

Per questo, per non perdere il contatto con tutti gli innumerevoli aspetti dell'umanità, ho sempre perseguito un ideale cinquecentesco e quindi umanistico della vita e della ricerca scientifica. Gli impegni scientifici non mi hanno consentito di coltivare i miei interessi umanistici quanto avrei desiderato, ma ho provato molto interesse per l'arte, la musica, la letteratura, la storia e la filosofia.

In questo ha sicuramente influito mia sorella gemella Paola, una valente artista dotata di un animo davvero sensibile, capace di guardare a tutti gli aspetti della vita e dell'animo umano.

Per me non si è trattato soltanto di coltivare degli interessi al di fuori della mia professione. Sono infatti convinta che una persona di scienza possa essere una persona serena solo se, come ogni altro essere umano, si impegna al massimo nelle molteplici attività che la vita offre, senza però mai dimenticare i principi etici che devono essere alla base del proprio comportamento. Ogni individuo deve saper essere consapevole delle capacità in suo possesso per poter svolgere un ruolo attivo come «cittadino del mondo» e poter consegnare alle future generazioni le basi etiche sulle quali costruire il futuro.

Oggi per una donna è molto più facile conciliare le esigenze della famiglia con la vita lavorativa. In passato gli ostacoli erano molto più duri e la vita familiare era incentrata sulla figura predominante dell'uomo.

Per quel che mi riguarda, non ho mai provato una spinta verso il matrimonio e verso la maternità. Sentivo invece un forte impulso verso la medicina e questo mio interesse era superiore al desiderio di costruirmi una famiglia. Mia madre, mia sorella Paola, Nina e mio fratello Gino rappresentavano già per me la pienezza degli affetti.

Nel libro *Elogio dell'imperfezione* riporto proprio su questo argomento l'episodio del cappellino, accaduto quando io e Paola eravamo solo due bambine. Mio padre notò che mia sorella e io indossavamo un cappellino che non gli piaceva. Ci guardò e disse che non avremmo più dovuto indossarlo e a nulla valsero i timidi tentativi di mamma per convincerlo del contrario. Io non compresi né quel giorno, né più avanti, perché mia madre avesse dovuto adeguarsi a quella scelta di mio padre, perché le decisioni spettassero solo a lui. Probabilmente già da quel giorno decisi che non sarei mai stata tagliata per il matrimonio!

Nella mia attività lavorativa non ho avuto alcun problema in quanto donna. Può sembrare strano, soprattutto perché a quell'epoca le donne dedite alla ricerca scientifica erano davvero in numero esiguo, ma ho sempre avuto ottimi rapporti con i miei colleghi e amicizie sincere che mi hanno accompagnata per tutta la vita. I soli problemi che ho dovuto affrontare sono stati quelli dovuti al particolare contesto storico nel quale sono cresciuta, come ho già narrato.

Al di là della mia vicenda personale, penso che la donna per molti anni sia stata penalizzata dai condizionamenti esterni, come purtroppo accade ancora oggi in molti Paesi del mondo, dove ancora si deve fare molta strada, anche sul piano della divisione dei compiti tra uomo e donna all'interno della famiglia.

Sin da quando ero una ragazza desideravo andare in Africa a curare i lebbrosi. Ero rimasta affascinata da Schweitzer e avrei desiderato seguire il suo esempio.

Le cose andarono diversamente e non posso rammaricarmi perché ho avuto modo di lavorare a lungo e dedicarmi alla ricerca scientifica, che per me si è rivelata altrettanto importante, ma a un certo momento il mio antico desiderio si è risvegliato.

Nel 1992 mia sorella Paola e io decidemmo di costituire una fondazione in memoria di nostro padre, Adamo Levi, a favore delle persone bisognose di aiuto, e in particolare delle donne africane. Il suo motto è «Il futuro ai giovani», accompagnato dalla dicitura: «Un futuro alle donne africane». Sono pervenuta a tale decisione con la speranza di contrastare una delle maggiori piaghe che affliggono l'Africa, ossia il mancato accesso all'istruzione da parte della grande maggioranza delle donne.

Abbiamo individuato come nostro obiettivo la lotta contro l'analfabetismo perché senza istruzione non c'è crescita. In particolare poi la Fondazione si rivolge alle donne, perché per troppo tempo sono state maltrattate e umiliate, fisicamente e psicologicamente, e perché io sono convinta che, con un livello di istruzione adeguato, le donne possano risollevare le sorti dell'Africa, con la loro forza, la concretezza, l'amore per la vita e il lavoro e il desiderio di imparare.

Sono certa che con una cultura adeguata riusciranno a ricoprire le posizioni da sempre riservate agli uomini e saranno capaci di migliorare la condizione dell'Africa, anche sotto il profilo socio-politico.

Spesso già oggi rimango sorpresa di fronte al loro

successo e a quello che sono in grado di realizzare, tanto più ammirevole in quanto fondato su un coraggio eccezionale. A oggi la Fondazione ha elargito più di dodicimila sostegni per corsi di alfabetizzazione, scuola primaria, corsi di formazione professionale e università. Tutte le donne sostenute dalla Fondazione hanno trovato un'occupazione adatta alle loro aspirazioni.

Certo, come ho scritto e ripetuto molte volte, si tratta di «una goccia nel mare», ma sono convinta che aiutando le donne si possa andare nella direzione giusta, ossia verso una società globale, volta alla crescita e alla libertà degli individui, anche in un continente difficile quale l'Africa.

Abbiamo un preciso dovere morale verso il nostro prossimo: fare ciò che è in nostro potere affinché il benessere non sia ristretto solo a una parte del mondo.

Credo nei giovani, ho sempre creduto nei giovani e nella necessità di insegnare loro il valore del rispetto verso gli altri sin dalla più tenera età. In questi anni mi sono dedicata molto alla scrittura rivolgendomi proprio a loro, e ho ricevuto in cambio molte soddisfazioni. La stessa idea di questo libro dimostra che le persone non sono indifferenti e che possono comprendere quanta parte della nostra vita debba occupare la solidarietà.

Il bene supremo al quale l'uomo deve tendere è la conoscenza. È grazie alla conoscenza se si è giunti fin qui e senza di essa non possono affermarsi tutti gli altri valori fondamentali dei quali l'uomo sente il bisogno per vivere con consapevolezza.

L'umanità dunque non deve smettere di conoscere e di indagare, lasciando che la conoscenza vada in ogni direzione e in ogni luogo, tendendo verso l'uomo e non in direzione contraria. In particolare, in un mondo governato dal benessere, dobbiamo preoccuparci e occuparci di quelle parti del nostro pianeta in cui si lotta quotidianamente per la sopravvivenza.

La felicità non esiste, è solo un attimo, ma per il resto bisogna sforzarsi di vivere con la serenità di chi apprezza e ama la vita, cercando di far prevalere sempre l'ottimismo sul pessimismo, che è un sentimento sterile.

La serenità si raggiunge con l'amore verso noi stessi, verso il prossimo, nella comprensione e nell'accettazione dei nostri errori. Lasciatevi travolgere dalla dedizione verso il prossimo e otterrete la serenità.

Nota della curatrice

Rita Levi-Montalcini si è spenta il 30 dicembre 2012.
    Quando ho ricevuto la notizia ero in montagna.
    Era una giornata dove l'azzurro del cielo si univa al bianco del paesaggio invernale in un'armonia che sembra-

va disegnata da una mano esperta. Era come se la perfezione di quelle montagne volesse ribellarsi in ogni angolo alla casualità di un mondo che la mente umana non può accettare rifugiandosi disperatamente nella ricerca di Dio.

Lei, così grande da sembrare invulnerabile, è andata via per sempre.

Resterà la memoria e con essa l'insegnamento, la scienza, l'umanità, il valore e la bontà d'animo.

Il pensiero è andato a Giuseppina Tripodi, al suo dolore, ai quarant'anni vissuti accanto a questa donna straordinaria, entrambe unite da un profondo affetto reciproco.

Era sufficiente vederle insieme, leggere negli occhi dell'una la preoccupazione per la salute dell'altra, capire come condividessero ogni giorno i momenti belli e quelli più difficili.

Per quanto mi riguarda, sono grata al destino per aver fatto sì che la mia vita si intersecasse alla loro, anche se per poco.

Manterrò la promessa fatta a Giuseppina, di non usare mai questa straordinaria esperienza per averne un profitto personale, ma solo per la memoria di Rita Levi-Montalcini e per la sua Fondazione.

Sono solo dispiaciuta di non avere fatto in tempo a portare alla Professoressa il libro stampato, come avevo sperato.

Il 2 gennaio 2013, a Torino, confusa tra tante persone che hanno voluto essere presenti ai suoi funerali, ho posato per qualche secondo la mia mano sulla bara di legno chiaro e ho sussurrato una sola parola: *grazie*.

R. R.

CARLA ACCARDI

Carla Accardi è la «signora dell'astratto» ed è considerata la maggiore artista italiana vivente. È una donna coraggiosa, che ha sempre vissuto di ideali, di battaglie, di arte. In altre parole, un simbolo.

Carla Accardi è stata cofondatrice con Attardi, Consagra, Dorazio, Guerrini, Perilli, Sanfilippo e Turcato dell'avanguardia artistica Forma 1, unica donna a far parte del gruppo.

Nel 1950 ha tenuto a Roma la sua prima mostra individuale e nei decenni successivi ha partecipato a numerose edizioni della Biennale di Venezia, spesso con sale personali. È presente nelle principali rassegne dell'arte italiana in Italia e all'estero e le sue opere sono esposte nei maggiori musei del mondo.

Nelle sue tele, che a prima vista trasmettono solarità, serenità, ma, osservate con più attenzione, lasciano trapelare un dolore nascosto, è inscenata la coesistenza degli opposti, la loro inevitabile attrazione reciproca e insieme il disperato tentativo di mantenere la propria identità. I segni di cui sono costellate rappresentano l'umanità e la struttura in cui sono costretti a coesistere è il mondo, dove, nonostante tutto, gli elementi si at-

traggono senza riuscire a sfuggire alla tendenza a combinarsi tra loro. Un segno, infatti, esiste solo se è parte di un tutto, ma al tempo stesso per esistere deve mantenere la propria identità.

Carla Accardi è nota anche per le sue battaglie a favore dell'autonomia politica e creativa e insieme a Carla Lonzi nel 1970 ha scritto il Manifesto di rivolta femminile.

Mi ricordo le saline di Trapani anche perché mia madre ne aveva ereditata una dove mi portava da bambina. Mi colpivano le distese bianche, le piramidi di sale ricoperte di tegole e poi i mulini a vento. Hanno lasciato una traccia indelebile nella mia memoria anche gli studi classici al Liceo Ximenes, ospitato in uno splendido edificio antico nel cuore della città, e la bella casa dei miei genitori, affacciata su un giardino pubblico pieno di fiori e alberi secolari.

Ho sempre disegnato, fin da piccola, ma mio padre restò particolarmente impressionato da un autoritratto a matita del 1942 e da allora appoggiò la mia scelta di dedicarmi alla pittura, regalandomi tra l'altro la collezione di libri sull'arte moderna curata da Giovanni Scheiwiller, edita da Hoepli. L'anno dopo andai così a Palermo per sostenere gli esami da privatista per la maturità artistica, per poi frequentare l'Accademia di Belle Arti dove conobbi Antonio Sanfilippo, che anni dopo sarebbe diventato mio marito.

Nel 1946 lasciai Palermo per trasferirmi all'Accademia di Firenze, dove Sanfilippo stava per completare gli studi. Con Antonio disertavamo le lezioni per andare a disegnare le opere del Beato Angelico. Fu Sanfilippo a parlarmi di un gruppo di amici artisti che vivevano a Roma e così, dopo avere avvertito i miei di questa scelta, andai anch'io a vivere a Roma, ospite da amici di famiglia che vivevano a Palazzo Doria in piazza Grazioli.

Conobbi Giulio Turcato, che aveva uno studio in via Margutta, e Pietro Consagra, che all'epoca abitava nello stesso edificio, nello studio di Guttuso, un luogo frequentato da tanti giovani talenti, tra cui Piero Dorazio, Mino Guerrini e Achille Perilli, ma anche da artisti più esperti, come Gino Severini, che una volta, ricordo, definì i miei lavori « pieni di verve ».

Un'esperienza importante fu il viaggio a Parigi in occasione di uno scambio culturale organizzato dalla Federazione giovanile comunista. Ci colpì molto il Musée de l'Homme e visitammo la Galleria Billier, punto di ritrovo della nuova Scuola di Parigi.

Nel 1947, con il gruppo di artisti conosciuti in via Margutta, firmai il Manifesto di Forma 1, che promuoveva l'arte astratta. I nostri riferimenti erano Kandinskij, Klee e le avanguardie russe e il nostro linguaggio era quello della geometria scomposta. E infatti il mio primo quadro astratto, dipinto nel 1947, si intitolava *Scomposizione*. A quei tempi un'artista donna era una rarità, soprattutto in ambito astrattista, ma per me l'esperienza del gruppo fu determinante.

L'arte astratta venne molto contrastata da Guttuso e Togliatti, i quali pensavano che gli operai non potessero capire quel tipo di espressione. Antonello Trombadori ci attaccava di continuo nei suoi articoli su *l'Unità*.

Intanto nel 1948 un mio dipinto fu esposto alla prima Biennale di Venezia del dopoguerra.

Nei decenni successivi, il mio percorso artistico toccò diverse tappe: dopo Forma 1 affrontai il negativo/positivo del bianco e nero, poi il ritorno del colore con segni ordinati in una sorta di calligrafia. L'utilizzo del sicofoil, fogli di plastica trasparente, mi permise sovrapposizioni di colore e di luce. Negli ultimi anni la tela di cotone grezzo invece dialoga con una vasta gamma cromatica. Il colore esprime la progressiva ricerca di una luce sempre maggiore, vi ritrovo l'impulso vitale del mondo.

Oltre alla passione e al talento, sono stati vari episodi a condurmi al successo: l'incontro con Luciano Pistoi, grande amico e mecenate, quello con il critico francese Michel Tapié e il rapporto di lavoro con la Galleria Stadler di Parigi.

In questi ultimi anni le personali di New York, presso la Galleria Haunch of Venison, di Mosca, al Museum of Modern Art, la grande personale *Pasos de Pasaje*, allestita in tre musei del Sud America, e l'antologica *Spazio Ritmo Colore* alla Fondazione Puglisi Cosentino di Catania, in cui sono stati esposti grandi lavori dal 1954 al 2010, mi hanno impegnata e mi hanno dato grande soddisfazione. Per ultimo, in ordine di tempo, devo citare il secondo volume di Germano Celant, che raccoglie quasi tutto il mio lavoro.

Ovviamente non mi sono state risparmiate le delusioni, anche in campo artistico. Ne voglio citare una: l'installazione del 1978 *La mia vita è simbolo: dimenticare, mettersi in salvo*. Era composta da otto grandi telai triangolari, liberati dalla tela, dipinti e ricoperti di sicofoil trasparente al posto della tela, leggeri come vele, disposti a coppie che dal pavimento si spostavano, in una deflagrazione simmetrica, verso il soffitto.

Dell'arte ho pensato cose diverse in momenti diversi, ma sicuramente per me è un'esigenza vitale, un'avventura per sognare e per vivere. Tempo fa, ritenevo che fosse una cosa quasi perfetta, fra la razionalità e la fede religiosa. Oggi penso che rappresenti il significato di tutta la vita, al posto della religione, io ho l'arte.

Per alcuni anni feci parte di una cooperativa in via Beato Angelico a Roma dove, oltre a incontri e dibattiti, avevamo l'opportunità di organizzare mostre. Il gruppo, infatti, era composto da donne che si occupavano di arte contemporanea: il critico Carla Lonzi, la gallerista Eva Menzio e poi artiste e scrittrici. Nel 1976 esposi negli spazi del Beato Angelico l'installazione *Origine* che, partendo dal ritratto di una mia antenata, compiva un'indagine sull'identità.

In seguito mi sono distaccata dalle istanze femministe perché ho pensato che ero nata donna per caso, mentre non ero nata artista per caso, ma ho creduto tanto nelle donne e considero il femminismo un evento importantissimo.

Tra i valori più grandi metto in testa l'amicizia, seguita dal lavoro.

Io ho sempre dipinto, ogni giorno. Ancora oggi c'è sempre una tela che mi aspetta sul tavolo da lavoro, e quando da giovane insegnavo, i pomeriggi erano dedicati ai quadri che dovevo terminare per le varie mostre. Il lavoro mi ha accompagnata sempre e a una giovane spinta dal desiderio di intraprendere lo stesso percorso consiglierei di farlo con passione e convinzione. Naturalmente bisogna partire da un'innata predisposizione, rinunciando anche all'amore per essere artista.

Attraverso il lavoro possiamo diventare persone speciali. Sì, sono convinta che una persona possa essere speciale attraverso la sua professione, ma questo ha poco a che vedere con il successo e la fama: per essere davvero speciali, dedizione e passione contano molto più della celebrità.

Il mio studio è spesso frequentato da giovani artisti, critici e amici interessati all'arte. Penso che questo confronto aiuti molto, in modo reciproco.

Un ultimo pensiero desidero rivolgerlo alla professoressa Rita Levi-Montalcini e al suo messaggio di solidarietà, un valore che rappresenta la capacità di tradurre in gesti concreti la nostra buona disposizione verso gli altri.

BIANCAMARIA BOSCO TEDESCHINI LALLI

Biancamaria Bosco Tedeschini Lalli è stata tra i fondatori del Centro Studi Americani e ha dedicato la sua vita professionale e sociale allo studio e all'università.

In questo senso la si può definire « una studiosa tra due mondi », un'italiana con la passione per l'America, verso la cui cultura ha sempre dimostrato il massimo interesse. Nel corso della sua vita accademica ha pubblicato saggi su Anne Bradstreet, Edgar Allan Poe, Mark Twain, Walt Whitman e soprattutto su Henry David Thoreau, scrittore americano dell'Ottocento, considerato il teorico della non violenza.

Ha iniziato la sua attività di studiosa presso la Commissione Fulbright, che si occupa degli scambi culturali tra Italia e Stati Uniti, ma ben presto si è concentrata sulla carriera universitaria, costellata da numerosi riconoscimenti, culminati con la nomina a rettore, nel 1992, dell'Università degli Studi Roma Tre, prima donna a ricoprire questo ruolo in un ateneo italiano.

Per molti anni si è inoltre occupata dell'Università nazionale somala, quale presidente del Comitato tecnico-linguistico.

Attualmente ricopre la carica di vicepresidente della Fondazione Rita Levi-Montalcini Onlus.

Thoreau è stato l'autore su cui mi sono laureata e da allora mi ha sempre accompagnata. Un grande scrittore trascendentalista, creatore di una lingua inglese tersa e affascinante, di pagine sul «territorio» in cui operò entrate a buon diritto tra i classici letterari.

Ha rappresentato un modello della non violenza, riconosciuto da Gandhi come ispiratore e maestro, e negli anni Settanta ha avuto un momento di grande popolarità negli Stati Uniti. I suoi sogni hanno fruttificato. Posso citare una sua bella frase, fortemente romantica: «Se uno avanza fiducioso nella direzione dei propri sogni e si sforza di vivere la propria vita come l'ha immaginata, incontra un successo inatteso in condizioni normali».

Personalmente non credo alle esistenze orientate dai sogni, e in effetti, se ripenso alla mia vita, non riesco a individuare sogni che ne siano motori diretti.

Credo piuttosto che ci si debba lasciare vivere, cogliendo le indicazioni che la vita stessa ci offre. Per me, nella mia infanzia e adolescenza, più concreta e pressante è stata la presenza di una guerra, e dunque della storia, e della società del «fare», con i valori a essa collegati, primo fra tutti il lavoro, nel quale ho sempre creduto.

Non ero l'unica, perché l'Italia del dopoguerra ha prodotto una generazione a cui mi onoro di appartenere. Siamo stati capaci di rimboccarci le maniche, tutti. Inoltre avevo vissuto in un liceo significativo le prime esperienze antifasciste e da lì ho maturato l'impegno nella politica universitaria. Di quegli anni ricordo soprattutto l'impegno, i congressi romani e nazionali, ma soprattutto la necessità di lavorare. Sebbene mio padre fosse professore universitario ho avuto la necessità di lavorare subito dopo la laurea, come tutti, del resto.

Le occasioni e perfino i casi della vita mi hanno molto aiutato: ho avuto una vicenda scolastica complessivamente molto precoce; mi sono diplomata a sedici anni, laureata a venti con Mario Praz. Credo che anche questo mi abbia concesso tempo per crescere «facendo».

La mia fortuna è stata anche quella di essermi occupata di cultura americana, argomento allora «poco accademico» che, a parte gli studi, mi ha offerto la possibilità e il privilegio di entrare nella Commissione Fulbright. Dopo la parentesi del regime e della guerra, gli scambi culturali tra gli Stati Uniti e l'Italia stavano rinascendo, una fase entusiasmante cui ho partecipato da subito occupandomi anche della gestione dei progetti culturali. Nel frattempo ho potuto continuare a studiare e pubblicare. All'epoca non avevo ancora preso in considerazione l'insegnamento universitario. È stata una decisione che ho preso in seguito, quando è cambiata la mia posizione in famiglia, perché nel frattempo mi ero sposata e sono arrivati i figli!

Mio marito, ingegnere, era anch'egli molto impegnato. Siamo cresciuti insieme e il nostro lungo matrimonio, coronato da ben sei figli, è sotto il profilo personale il mio successo più importante.

Erroneamente, e con un po' di cinismo, ho pensato che insegnare all'università sarebbe stato meno impegnativo e faticoso rispetto al lavoro nella Commissione Fulbright. Nonostante ciò credo di aver insegnato bene, e più di una volta mi sono sentita la persona giusta al momento giusto.

Con il trascorrere degli anni mi sono creata una cospicua esperienza nel campo della politica universitaria e nell'ideazione e gestione di didattica e ricerca. Più tardi ho presieduto la Commissione di sperimentazione didattica e di ricerca della Sapienza, un compito che mi ha fornito nuovi stimoli e da cui, nella sostanza, è nata Roma Tre.

La scuola, l'università e la formazione sono stati al centro di ogni mia attività professionale e non. Forse è da qui che è nata per me l'opportunità di essere la prima donna in Italia a fondare un'università e a diventarne rettore. In un certo senso il fatto che io fossi una donna ha dato pubblicità alla nuova Università di Roma Tre, e noi ne abbiamo, ragionevolmente, approfittato. Ma oltre alla superficiale novità, c'era anche della sostanza. La mia esperienza alla guida dell'ateneo mi ha infatti convinta che una donna non soltanto possa fare il rettore come un uomo, il che appare abbastanza ovvio, ma possa altresì farlo anche meglio mettendo a frutto la sua specifica cultura femminile.

È facendo il rettore che mi sono accorta di una realtà che oggi viene riconosciuta praticamente da tutti. La donna di fatto assorbe, anche nella propria vita quotidiana, la necessità di non lavorare a comparti stagni e di muoversi con facilità a trecentosessanta gradi. Tale parte della cultura femminile non è stata finora adeguatamente valorizzata e messa a frutto, e questo è un male per l'intera società.

Infine, vuole una considerazione amara? Si parla tanto, e giustamente, di «discriminazione», ma nel corso della mia carriera lavorativa io non mi ero mai veramente sentita «discriminata». Facendo il rettore, sì. È soprattutto stando al top che ci si sente discriminate, perché quando ti trovi nelle posizioni di massima responsabilità ti senti davvero isolata e circondata da diffidenza e da luoghi comuni.

Non c'è certo tenerezza verso le donne, in politica come nell'università, come in ogni altro ambiente di lavoro. Tutto quel che riceviamo gratuitamente è pura cortesia. Io ho cercato di lavorare per le donne, anche come rettore dell'Università Roma Foro Italico, in un ambito, quello della formazione continua a livello universitario, che per troppo tempo in Italia è stato trascurato. Solo adesso si comincia a profilare una cultura universitaria attenta alla formazione post laurea, si è finalmente affermata una nuova mentalità, attenta alla formazione continua e su questo aspetto oggi io mi sto impegnando molto.

Se c'è una cosa che rimpiango è non essere stata

sufficientemente consapevole del potere e non averlo sfruttato fino in fondo. Gli unici rettori che hanno lasciato l'incarico nei tempi previsti rispettando lo statuto sono state donne e io sono la prima tra queste. L'ho fatto perché mi sembrava giusto, e di questo sono contenta, ma una maggior presenza mi avrebbe consentito di proseguire i miei sforzi. La mia cultura femminile, che in altre situazioni ho saputo valorizzare, mi ha impedito, come accade a tante altre donne, di avere adeguata consapevolezza del poco o grande potere raggiunto e di mostrare una maggiore aggressività nella sua difesa.

Ho lavorato molti anni in università, ma oggi guardo a questo mio mondo con delusione e qualche avvilimento. Le mie speranze, sempre rinnovate negli anni, sembrano difficili per gli amici e i colleghi di oggi. Ci sarebbe bisogno di un'università non così fortemente mortificata. Questo mi fa sicuramente molto male.

In realtà quanto abbiamo detto finora sottolinea l'importanza che l'America ha avuto nella mia vita: per tutta la mia generazione ha dapprima rappresentato il futuro, il futuro anche prossimo, almeno per me. Inoltre ha rappresentato l'esperienza di un continuo cambiamento, di cui ho vissuto e studiato l'essenza. Le definizioni risultano sempre inadeguate, ma sull'America posso affermare con certezza questo: anche se ogni volta mi sentivo a casa, ogni volta l'ho trovata cambiata da come la ricordavo. È una seconda cultura che mi appartiene, che ha fatto parte della mia identità e della mia vita.

La prima volta che sono stata negli Stati Uniti, nel 1950, sono andata al College, in Ohio, scuola straordinaria di critica letteraria, finanziata dalla Rockefeller Foundation, poi a Washington e a New York, una città che mi ha sempre affascinata. Ho poi lavorato spesso nelle università, a San Francisco, Stanford, New York, North Carolina, Detroit e ovunque ho anche incontrato un'importante presenza femminile.

Inizialmente, ho avvertito molto le diversità tra donne americane e donne italiane. Adesso direi che le cose sono cambiate e la disparità si è molto affievolita, ma negli anni Cinquanta percepivo nelle donne, nelle scrittrici, nelle poetesse, nelle universitarie americane una forte consapevolezza nei riguardi della condizione di genere che in Italia era meno evidente.

Non riuscirei a dire se oggi l'America sia avanti rispetto a noi, non potrei sottoscriverlo, perché, come ho detto, è una realtà che cambia molto in fretta e, sebbene in molti campi sia avanti a noi, in altri aspetti è l'Italia a esserlo. Di certo, gli Stati Uniti, come del resto molti altri Paesi, sono avanti rispetto a noi nella ricerca, anche se forse sarebbe più corretto dire che siamo noi a essere indietro.

Donne e Africa hanno rappresentato una parte significativa negli ultimi quindici, venti anni della mia vita. In Africa le donne sono il cardine della famiglia e, in qualche modo, della società. Io l'ho sperimentato personalmente in Somalia, dove ho lavorato intensamente per diversi anni e ho contribuito a creare e gestire la UNS, Università nazionale somala. È stato in questo ambito, recandomi come minimo quattro volte l'anno in Somalia, che ho conosciuto molte donne africane e sono entrata in contatto con il loro stile di vita e le problematiche che devono affrontare.

Mi occupavo dell'insegnamento dell'italiano e soprattutto delle ricerche sul somalo come lingua di cultura. È una lingua ricchissima e contribuire per tanti anni a questo progetto mi ha dato molto, è stata un'esperienza a dir poco entusiasmante. Oggi la Somalia, devastata da decenni di guerra civile, vive soprattutto nelle sue lingue, nel lavoro dei linguisti italiani e somali iniziato nell'UNS.

Per me i valori, quelli alti, sono l'amore, la fede, la speranza, il lavoro, la coscienza laica. Personalmente sono cattolica osservante, ma credo di essere stata intellettualmente sempre laica.

Tra i valori che ho elencato, vorrei sottolineare il lavoro, che poi è strettamente legato all'amore, alla fede e soprattutto alla speranza, una virtù che ho sempre cercato di coltivare.

Infine reputo importante il senso della continuità dell'esistenza. C'è un libro di linguistica degli anni Ottanta, *Metafora e vita quotidiana*, in cui il linguista George Lakoff e il filosofo Mark Johnson sostenevano come il tempo fosse una metafora: presente, passato, futuro non sono altro che metafore. Il tempo è semplicemente continuo. Chiunque studi, legga, si muova vive nel tempo presente e la nostra memoria non è un fatto del passato, appartiene al presente.

Noi non viviamo nel passato, nel presente, nel futuro, viviamo in rete, un concetto in cui credo profondamente, così come credo in un verso di Walt Whitman: «Passato e futuro s'incontrano nel presente». Per lui quel presente era l'America.

Per quanto riguarda l'Italia di oggi cerco di non analizzarla troppo, ma ho sempre speranza. Le ho parlato di valori: ebbene quei valori li ho trovati qua, mica altrove.

Sa che cosa salvo dell'Italia di oggi? Salvo l'Italia e Roma: la certezza del mio ambiente, sociale e culturale.

Infine vorrei soffermarmi sulla solidarietà, l'essere vicini al prossimo, partecipare direttamente alla vita dell'altro: uno sforzo che può risultare difficilissimo.

Oggi dedico il mio impegno di solidarietà alla Fondazione Rita Levi-Montalcini Onlus, perché trovo che la grande scienziata sia stata una donna straordinaria, che ha vissuto guardando agli altri e ha sempre partecipato, senza mai dimenticare il prossimo e sperando costantemente nel successo.

La speranza oggi è difficile, ma ripenso a quella volta in cui proprio Rita Levi-Montalcini, poco prima di morire, dall'alto della sua esperienza e della sua apertura mentale, mi disse: «L'Africa... bisogna sperare. Io spero, io spero, io spero», confermando così, in modo perentorio, la necessità e l'utilità della speranza.

CHIARA CASTELLANI

Dopo essersi laureata in medicina con una specializzazione in ostetricia e ginecologia, Chiara Castellani è partita nel 1983 per il Nicaragua dove, nel pieno del conflitto tra governo sandinista e ribelli, è stata ben presto costretta a trasformarsi in un medico di guerra.

Dal 1991, ha iniziato la sua collaborazione con l'AIFO e ha scelto di dedicare il suo lavoro ai malati dell'Africa, nella Repubblica democratica del Congo, realizzando così quello che era stato il suo sogno sin da bambina.

Chiara Castellani è autrice di Carissimi tutti, *scritto dopo la sua esperienza in Nicaragua, e di* Una lampadina per Kimbau, *una raccolta di lettere dal Nicaragua e dall'Africa. Le pagine scorrono senza ordine cronologico, le sensazioni si susseguono l'una dopo l'altra, saltando da un continente all'altro, da un decennio all'altro, perché le paure, le angosce, le guerre e le miserie sono identiche in ogni epoca e in ogni parte del mondo. Le parole scritte da Kimbau danno l'impressione di una terra dove regna una bellezza sconfinata, ma intrisa di dolore, perché ha il sapore della morte, ogni giorno, ovunque.*

Per questo lì un giorno vale più che altrove. A Kimbau Chiara è amata come una sorella e come una madre, è la «mamma» che cura i feriti e salva la vita.

Ho conosciuto la professoressa Rita Levi-Montalcini nel 2002 a Verona, tramite un'amica comune, la professoressa Marina Bentivoglio. Per me era un momento difficile, un periodo segnato da una serie di «battaglie perse», un po' come adesso, ma non per questo mi ero arresa. Grazie alla professoressa abbiamo aiutato, in sette anni, almeno cinquecento ragazze di tre istituti, di cui uno universitario.

Ho vissuto in due paesi in guerra, Nicaragua e Congo, ho amputato arti maciullati da mine, poi per uno scherzo del destino (ma forse era un disegno di Dio?) è successo a me. Fa bene a un medico trovarsi almeno una volta nella vita dall'altra parte del bisturi!

Persi il braccio destro in un incidente d'auto. Ricordo tutto di quel giorno, il braccio morto in un corpo vivo, ma ricordo anche la gioia quando capii di stare bene, di avercela fatta. Il vescovo quando mi vide disse «Te ne sei già accorta?» e io risposi: «Me ne sono accorta da molto tempo». Senza rendermi conto avevo usato la stessa frase che mi aveva detto il primo ragazzo a cui avevo amputato un arto.

Da quel giorno non ho più potuto operare, il mio braccio destro non mi consente di effettuare chirurgicamente l'operazione, ma sono sempre presente in sala operatoria, sono la voce che guida la mano che opera.

Da quel giorno il mio impegno contro tutte le guerre, anche quelle che chiamano giuste, è divenuto davvero integrale.

Quando avevo sette anni nella mia scuola venne a parlare un missionario. Non era la prima volta che succedeva, ma quel religioso francescano, che seguendo l'esempio di San Francesco aveva dedicato la sua vita ai malati di lebbra, mi affascinò.

A un certo punto ci provocò: «Perché voi, bambini, non leggete il Vangelo?» Noi protestammo, ma lui insistette nella provocazione: «Se leggeste veramente il Vangelo, verreste tutti in Africa con me». Gli altri protestarono più forte, io tacqui. Da quando noi bambine eravamo in grado di capire papà tutte le sere veniva nella nostra stanza per leggerci il Vangelo. Quella sera, quando lui entrò con il libro in mano, gli dissi: «Papà, quando sarò grande voglio fare medicina e andare in Africa a curare i malati di lebbra». Negli anni della scuola elementare, poi alle medie, persino al liceo, mi attardavo a sognare a occhi aperti, mi raccontavo storie affascinanti di Chiara medico in Africa. «Vive nel mondo dei sogni» dicevano di me alcune insegnanti, che durante le lezioni mi trovavano spesso distratta, con la testa altrove.

Una volta arrivata all'università fu automatico iscrivermi a medicina per realizzare il mio sogno africano, e fin dai primi anni «divoravo» sui libri tutto ciò che sapeva di medicina tropicale, dal trypanosoma gambiense della malattia del sonno, allo schistosoma.

Fu per colpa di Gabriele, che abitava due piani sopra di me, se una volta laureata finii per rivolgermi al MLAL e all'America Latina. O forse fu per colpa della rivoluzione in Nicaragua e di quel libro *Il Vangelo a Solentiname* in cui trovai risposta alle mie riflessioni notturne dopo che terminarono le letture serali di papà.

In Nicaragua, la mia decisione di schierarmi a fianco degli ultimi mi catapultò in prima linea, e subito compresi che il mio sogno romantico di bambina poteva rivelarsi crudele.

Fu il giovane medico francese Pierre Grosjean a farmi bruscamente capire che la vita non è un sogno romantico, ma alle volte un sogno crudele. Me lo fece capire con la sua morte assurda, l'assassinio vigliacco di un innocente. Fu la moglie di Pierre, dolce meticcia brasiliana, che mi insegnò a perdonare.

E così tornai a sognare di far vivere Pierre seguendo i suoi passi fino al luogo in cui si era infranta la sua vita, non i suoi sogni.

Anche altri amici che intrapresero con meno fortuna il mio stesso cammino, quei compagni di strada di nome Maria, Rosy, Franco, Richard, Tonino... mi lasciarono in eredità i loro sogni da realizzare su questa terra, l'utopia, e io me ne feci carico.

A cinquant'anni mi arrogo il diritto di sognare, il diritto di essere una visionaria. Perché se non sognassi, in nome di tutti loro, un futuro diverso, di promozione umana, avrei mollato, mi sarei tirata indietro. Il coraggio di sognare è il motore della mia vita, anche oggi!

Ricordo un ragazzo, si chiamava Paolo, era a Roma per il servizio militare. Erano gli anni Settanta. Venne una sera a trovarci, perché i suoi conoscevano i miei. Cominciò a venire tutte le sere. Mia madre cercò di capire il perché (con quattro figlie femmine da... proteggere!) Le rispose: «Qui c'è famiglia».
Qualche mese dopo la fine del servizio militare si tolse la vita, ma quando era a casa nostra lo vedevamo sereno.
La famiglia è sempre stata il mio punto di forza, un legame profondo che ci unisce anche nella lontananza.
Con papà ci siamo sentiti due ore fa su Skype. Usa Skype anche con la nipotina che fa l'Erasmus in Olanda, o con il genero a Dubai. Ha compiuto novantun anni il 4 luglio. Se ho bisogno di un consiglio, io lo chiedo a lui. È il mio «consigliere giuridico».
Mia mamma invece non si è informatizzata: quando parliamo su Skype, papà la chiama.
Mamma ha ottantacinque anni e sta meglio di me, nemica di medici e medicine. Tutti i giorni con papà vanno a camminare sulla spiaggia per

un'ora almeno, tenendosi per mano come due innamorati, perché lo sono.

Se torno a casa per Natale, siamo in sedici a tavola, mamma cucina, papà lava i piatti.

Ci sentiamo vicini sempre, anche se fisicamente lontani, perché partire, varcare gli oceani, integrarsi con culture diverse, apre i confini della propria coscienza. Un po' zingara, ci sono nata.

Io qua a Kimbau mi sento a casa, io tra gli «ultimi», io come gli «ultimi» vivo a fondo la mia vita e la mia professione.

Ogni giorno può essere quello in cui perderai la vita, oppure quello in cui la perderà un tuo caro. Eppure, qui dove non c'è nulla, c'è l'amore per la vita.

In tutti questi anni in Congo non mi sono mai imbattuta nel caso di una persona che si sia suicidata. In Africa non esiste il mal di vivere, al contrario, c'è tanta voglia di vivere. Questo perché gli africani amano la vita, sono innamorati della vita. Gli occidentali, invece, sono malati di ricchezza e di onnipotenza, per questo hanno perso il senso della vita. Essere felici è un dovere morale, non un privilegio né una fortuna, è una scelta.

In Africa non esistono la fretta e la frenesia che attanagliano gli occidentali. Nessun impegno è più importante di un amico che bussa alla porta. Ricordalo quando sei di fretta, insegnalo ai tuoi figli, non lasciare che la tua vita occidentale diventi povera di tempo.

In tutti questi anni non ho mai perso la gioia di fare la mia professione, ho scoperto che questa gente è la mia gente. Oggi sono una di loro e voglio vivere come ognuno di loro. Tra queste persone che non hanno nulla mi sento «strumento» di Dio.

Nel 2002, dopo undici anni in Africa, ho promesso di vivere nella povertà e nell'obbedienza davanti al vescovo monsignor Gaspard Mudiso della diocesi di Kenge. Ho pensato che sarebbe stato l'unico modo per condividere pienamente il loro modo di vivere: se mi batto per i diritti dei poveri dell'Africa, devo essere povera anch'io.

Sento che Dio, che qui chiamano Nzambi, mi è sempre accanto e impedisce che mi senta sola. È come se mi rispondesse con le parole di un anonimo brasiliano che tengo sempre accanto al mio letto:

«... i giorni in cui vedevi solo un'impronta sulla sabbia erano i giorni in cui ti portavo in braccio».

NICOLETTA CONTI

Nicoletta Conti è nata a Bologna, ha compiuto gli studi di pianoforte e direzione d'orchestra nei Conservatori di Milano e di Bologna, è laureata in musicologia presso l'Università di Bologna e si è perfezionata in direzione d'orchestra con alcuni tra i massimi maestri contemporanei: Leopold Hager a Salisburgo, Seiji Ozawa e Kurt Masur a Tanglewood, negli Stati Uniti, ma soprattutto Leonard Bernstein, di cui è stata una delle allieve più promettenti.

Molto apprezzata per la tecnica e le capacità interpretative, si è imposta come direttore alla guida delle maggiori orchestre sinfoniche in Italia e all'estero. È una delle poche donne capaci di emergere in un ambiente prettamente al maschile, infrangendo il «tetto di cristallo» e lasciando il suo nome scritto nella storia della direzione d'orchestra italiana.

Attualmente insegna presso il Conservatorio G.B. Martini di Bologna e tiene regolarmente cicli di lezioni e seminari all'estero dedicati all'interpretazione dell'opera e della drammaturgia. Le sue ricerche riguardano anche il rapporto tra musica e immagine.

Sono sempre stata attratta dalla musica e dal mondo del suono in generale, come universo a sé.

La musica è per me l'arte dell'immaginario per eccellenza e io la vivo soprattutto per immagini. Le emozioni, infatti, mi riportano spesso a formulare immagini, a vedere «qualcosa», e questo processo è profondamente radicato nella mia personalità, nella mia vita. La musica è armonia e io vivo di questa armonia. La musica è la mia vita ed è nella mia vita.

Potrei partire da un ricordo antico, che non saprei forse datare, però è «un qualcosa» che fa parte di me, del mio carattere, del mio DNA: è la passione per la musica, che ho manifestato fin da piccola.

A quell'epoca ero un «discolo». A mia madre dicevano «Signora, sua figlia non sta mai composta... sembra che abbia i chiodi sulla sedia!» Ero sempre in movimento, talvolta persino spericolata, ma la musica riusciva a trasformarmi. Il mondo del suono aveva il potere di affascinarmi a tal punto da farmi fermare.

A cinque anni volevo suonare il pianoforte e «stancai» i miei genitori finché non ne ebbi uno, ma ricordo la delusione quando vidi che mi avevano regalato solo un pianoforte giocattolo. Non era quello che desideravo, volevo un pianoforte vero, uguale a quello che suonava la maestra all'asilo. Anche in seguito, i miei genitori assecondarono la mia passione, seguendo il mio percorso. Avevano capito che la musica un giorno sarebbe potuta diventare il mio lavoro, anche perché gli insegnanti avevano individuato in me una predisposizione innata. Non tutti i genitori sono così, ho visto giovani molto bravi costretti a lasciare per seguire contro il loro desiderio altre strade.

Da ragazza ho sempre amato anche lo sport, soprattutto lo sci, che praticavo a livello agonistico.

Credo che ci sia una connessione tra sport e musica, perché entrambi richiedono armonia fisica, coordinazione, esercizio continuo. La forza viene dall'intelletto e l'energia dallo spirito.

La vita del musicista, come quella dell'atleta, è legata alla solitudine: entrambi devono esercitarsi da soli e confrontarsi con il proprio strumento o con il proprio corpo. C'è il momento con l'insegnante, più avanti l'impatto con il pubblico, per il resto non è possibile fare le cose insieme ad altri, studiare in gruppo, come normalmente succede tra ragazzi.

Il periodo dei concorsi arrivò presto. Lo ricordo come molto impegnativo. A vent'anni studiavo contemporaneamente pianoforte, direzione d'orchestra, composizione.

Iniziai a studiare direzione d'orchestra a Nizza, non saprei nemmeno dirle perché. Avevo conosciuto una giornalista, Laura Padellaro, che tentò di dissuadermi: «Lei, una donna, che cosa vuole fare? Dirigere un'orchestra? È una brava pianista, si dedichi a quello!»

Nonostante ciò mi mise in contatto con il maestro Massimo Pradella, all'epoca direttore dell'Orchestra della Rai. Andavo in treno da Bologna a Roma. La mia giornata, una volta alla settimana, si svolgeva così: cinque ore di treno ad andare, cinque ore di treno a tornare, più cinque ore di lezione con il maestro. Partivo alle sei del mattino e ritornavo alle dieci di sera.

Ricordo che anche lui elogiava le mie doti di pianista, ma cercava di allontanarmi dalla direzione d'orchestra. Io non mi lasciai scoraggiare, anzi seguii vari corsi di perfezionamento, a Salisburgo, Aspen, Boston: le distanze non mi hanno mai spaventata.

Fu un periodo molto intenso, perché studiavo, insegnavo al conservatorio, facevo concerti, senza tralasciare la direzione d'orchestra. Il primo concerto importante lo eseguii a Budapest. Ero entrata in contatto con alcuni insegnanti ungheresi che mi avevano invitata a debuttare in una sala importante. Avevo solo ventitré anni.

La donna ha sempre subito forti discriminazioni e la storia ne è testimone.

Quante compositrici ci sono state? Pochissime!

Quante donne hanno avuto risalto nella storia della musica? Pochissime!

Le compositrici in realtà sono state tante, ma i libri di storia della musica spesso non le citano nemmeno. È un dato di fatto, è così.

Desidero ricordarne alcune, Clara Schumann, Fanny Mendelssohn, Alma Mahler che sebbene abbia scritto musica splendida non è mai entrata nel repertorio, Lili Boulanger e sua sorella Nadia Boulanger; direttrice d'orchestra nella Parigi anni Venti e vincitrice del prestigioso Prix de Rome per la composizione. La storia non attribuisce a nessuna di loro il ruolo che meriterebbero.

Perfino nelle orchestre la strada è stata a lungo sbarrata. Fino a poco tempo fa le donne non erano ammesse. Il primo direttore a permettere che una donna entrasse a far parte di un'orchestra è stato Karajan, che negli anni Ottanta accolse tra i Berliner Philharmoniker la clarinettista Sabine Meyer.

La mia scelta, dunque, può essere addirittura considerata pionieristica, ed è comprensibile che molti volessero dissuadermi dalla direzione d'orchestra.

Siamo in un campo governato ancora dall'uomo... non c'è niente da fare. All'estero potrei citare solo due donne che sono direttrici stabili di orchestra, con una posizione ufficiale, ma credo che non avremo mai la stessa possibilità lavorativa di un uomo.

Nella mia carriera ho avuto importanti riconoscimenti, ma se fossi stata un uomo avrei avuto molte più occasioni e ruoli più importanti. Nel 2011 vinsi un concorso negli Stati Uniti, a Pittsburgh, per un posto come direttrice d'orchestra in un'università. Mi classificai prima assoluta, ma la soddisfazione si tramutò presto nella più profonda delusione della mia carriera. Il *provost*, che è una figura intermedia tra un direttore artistico e un preside di facoltà, decise, insieme al presidente dell'Università e contro il parere della commissione, che quell'incarico full time non sarebbe stato assegnato a me, bensì al terzo classificato, un artista di Pittsburgh.

Fu una delusione forte, bruciante. Centoquarantatré domande, tre candidati, un vincitore e quel vincitore ero io, purtroppo la realtà fu diversa.

Ho ricevuto ancora ieri una mail da Pittsburgh dove un musicista mi chiedeva: «Perché lei non è qua?» Gli ho risposto: «Non lo chieda a me».

Nei mesi successivi questa palese ingiustizia mi fece molto soffrire. Come ne sono uscita? Sono una persona che guarda al futuro con positività, nonostante i problemi. Non mi fossilizzo, non mi barrico in una posizione, trovo modo di realizzarmi in altro. Questo vale anche per la direzione d'orchestra: non l'abbandonerò mai, ma se non ho la possibilità di dirigere sono pronta ad accettare altre sfide. Mio malgrado ho dovuto capire che non tutta la mia vita può ruotare intorno alla direzione d'orchestra e ho deciso di riposizionarmi. In fondo ho studiato per dieci anni composizione, credo di essere una buona musicista, mi piace insegnare, mi piace creare musica. È un campo che amo molto e mi ha dato stimoli nuovi. In questo periodo, ad esempio, ho avuto l'occasione di coltivare un'altra mia grande passione musicale: la musica per film.

Ma, come dicevo, non intendo abbandonare la

direzione. L'ultimo concerto l'ho tenuto venti giorni fa. Ora, quando torno a impugnare la bacchetta, è come se la mia spiritualità avesse acquisito qualcosa in più. Vedendo la musica da un altro punto di vista, riesco a cogliere emozioni nuove o ritrovate, persino più intense.

Sul podio mi trasformo.
La direzione d'orchestra è un processo unico, che avviene in tempo reale. Un'esecuzione è bella perché è in quel momento e solo in quel momento, con quel pubblico, dopo di che non esisterà più, ce ne sarà un'altra, ma sarà diversa. Ci sono aspetti quasi impercettibili che in quel preciso istante creano un'alchimia irripetibile. È un flusso di emozioni, ma il direttore d'orchestra, pur vivendo questi attimi di assoluta intensità, non può perdere il controllo. Si tratta di un equilibrio particolare. Non si può definire paura, è uno stato di tensione positiva.

La direzione è legata alla comunicazione, al movimento del corpo, al gesto della mano, allo sguardo, tutti elementi che contribuiscono a creare quel suono, dotato in quel preciso momento di quella particolare bellezza. È un attimo che non tornerà più e io avverto con intensità l'unicità di quei momenti soprattutto quando dirigo. La vita non è forse un susseguirsi di istanti irripetibili?

Mi è capitato di emozionare e di emozionarmi, ed è una bella sensazione, ma non si può mai esitare, bisogna immediatamente recuperare la concentrazione. La mente, quando ci si esibisce davanti a un pubblico, deve essere attenta a dare il massimo e non deve mai avere lo sguardo proiettato indietro, ma costantemente avanti. Se mi accorgo che un musicista – o che io stessa – ha commesso un errore devo subito dimenticarlo, per non correre il rischio di compromettere il resto del concerto.

Sono necessari fermezza e rigore, ma nello stesso tempo il direttore deve saper creare un'armonia con l'orchestra. Questo è il mio modo di dirigere. È un incontro, un'armonia in cui l'orchestra capisce il direttore e il direttore guida e asseconda l'orchestra.

I concerti migliori spesso sono quelli con i giovani, perché hanno tanta voglia di scoprire. A volte le orchestre composte da artisti più esperti sono un po' «stanche». Se mi accorgo che un musicista «timbra il cartellino», che dieci minuti prima della fine delle prove inizia a muoversi, a prendere la custodia dello strumento, mi innervosisco, tuttavia a volte bisogna saper capire. Il direttore deve usare la strategia: se si rende conto che ormai i musicisti hanno già dato tutto, deve lasciare un minimo di libertà. Imporsi su quel quarto d'ora in più non servirebbe a niente, distruggerebbe ogni possibile dialogo.

Toscanini diceva: non esistono cattive orchestre, esistono cattivi direttori.

Sarebbe semplicistico affermare che il successo in questo genere di professioni sia legato solo al fatto di trovarsi al posto giusto nel momento giusto.

Tuttavia ritengo che, oltre al talento, sia necessario frequentare una scuola importante, dove si possano avere ottimi insegnanti, che permettano di imparare il più possibile. Bisogna studiare nei centri migliori, che oggi sono Monaco di Baviera, Vienna, Parigi, New York, Philadelphia, perché non si può prescindere da una preparazione di livello internazionale.

Certo un giovane che vuole intraprendere questa carriera deve prepararsi a un percorso molto difficile.

Oggi il mio allievo più promettente è un giovane tedesco, che conosce perfettamente l'italiano, ma oltre alla musica studia anche archeologia, proprio perché sa di non poter investire la sua vita solo nella musica, almeno non ora. Ecco, questo ragazzo ha la capacità di farcela, ha il dinamismo e le carte in più per riuscire.

Per me il maestro per eccellenza fu Leonard Bernstein. Era un genio assoluto, parlava dodici lingue. Anche altri, dopo di lui, mi diedero tanto, ma quando si incontra un genio è difficile fare paragoni. Per Bernstein esisteva solo il talento, non conosceva il pregiudizio. Se la sua vita non fosse finita nel 1990 sarei diventata la sua assistente e avrei avuto la grande opportunità di lavorare con un maestro come lui.

Lo conobbi a Boston nell'estate del 1985. Quattro anni dopo fu il mio maestro in un corso all'Accademia di Santa Cecilia a Roma. Al termine fece debuttare due giovani direttori d'orchestra e uno dei due ero io! Ricordo che in quel periodo era già molto sofferente e faceva fatica a respirare, ma non si risparmiò mai, né nella musica né nella vita.

Il mio futuro lo vedo vario, ma con un punto fermo: la musica.

Vorrei però dare una svolta etica al mio lavoro. Il mio sogno, infatti, è quello di riuscire un giorno a creare qualcosa di mio, che unisca la mia spinta verso il sociale con la parte più importante della mia vita, la musica. In questo senso, ammiro molto Daniel Barenboim, che ha fondato un'orchestra di musicisti formata da palestinesi, israeliani e arabi e a Ramallah tiene spesso concerti per mandare il suo grande messaggio di pace. Ha anche fondato una scuola musicale per bambini a Berlino, perché ritiene, a ragione, che la musica abbia un grande ruolo sociale.

Come dice Barenboim la musica sveglia il tempo e sveglia noi al godimento del tempo e in quanto sveglia è morale. La musica è un filo che ci accompagna per tutta la vita e ci aiuta a entrare in relazione con il mondo. Non a caso gli antichi inserivano la musica nel *quadrivium*, come disciplina che eleva e completa l'essere umano. Dobbiamo riappropriarci della musica anche come mezzo per aiutare le persone in difficoltà, come strumento terapeutico e di aggregazione sociale. Un bambino che ha problemi di integrazione può imparare a inserirsi nella società suonando in un gruppo, perché deve stare con gli altri e aspettare il suo tempo rispettando le regole comuni e imparando ad apprezzare il prossimo.

Un altro mio obiettivo, a cui l'impegno sociale può contribuire, è dare colore alla mia vita, evitare di lasciarsi vivere, senza mai un momento di dolore, di delirio, di estasi. Bisogna permettere alle tensioni e alle emozioni di emergere. Forse vivere senza passioni può essere comodo, perché si rischia meno, ma io penso che sia bello rischiare, anche se può costare caro. La vita è piena di imprevisti, un po' come la direzione d'orchestra.

Rita Levi-Montalcini... se devo pensare a un genio della musica penso a Bernstein, se devo pensare a una grande persona a cui il mondo intero deve guardare con profondo rispetto penso a Rita Levi-Montalcini. Non mi riferisco solo alla forza dell'intelletto, ma al suo straordinario valore etico. Il successo passa attraverso la scienza, l'intelletto, ma se non c'è il senso etico, la persona perde il suo valore più alto.

Rita Levi-Montalcini ha saputo unire queste doti eccezionali: è stata la realizzazione dell'essere umano nell'accezione più alta del termine.

Con la sua instancabile generosità ci ha invitato a riflettere sul significato della solidarietà, che è saper guardare i bisogni degli altri e saper ascoltare. Quante volte incontriamo persone che hanno bisogno di aiuto. Dobbiamo prestare attenzione subito ai loro bisogni e saperle aiutare in quel momento, non rimandare pensando al nostro interesse. È capitato a tutti noi di non essere capiti, di non sentire gli altri vicini. Questo errore non vorrei farlo, spero di non commetterlo mai. Solidarietà per me è anche questo, è cura verso l'altro, come ci insegna il cristianesimo.

Cerco di avere uno sguardo a trecentosessanta gradi verso il Vangelo. Non voglio accusare gli altri e cadere nel giudizio, ma cerco di vivere con coerenza, come mi ha insegnato mia madre.

Paure... ne abbiamo tante, tutti, ma non ci devono bloccare, mai. Questo atteggiamento verso la vita ci aiuta a combattere la cattiveria, la falsità, il cinismo, in cui troppo spesso ci imbattiamo.

MARIELLA DEVIA

Mariella Devia ha studiato al Conservatorio di Santa Cecilia a Roma, dove si è diplomata in canto. Nel 1973 ha vinto il concorso Toti Dal Monte e in quello stesso ha debuttato nel ruolo di Lucia nella Lucia di Lammermoor, *personaggio a cui ha dato l'addio nella stagione 2005/2006 al Teatro alla Scala e di cui ha saputo fornire nel corso della sua carriera interpretazioni eccelse, che segnano un punto d'arrivo difficilmente superabile nella storia del belcanto.*

Il Metropolitan Opera House di New York e il Covent Garden di Londra, la Carnegie Hall di New York, il Théâtre des Champs-Élysées di Parigi, il Teatro Real di Madrid, il Gran Teatre del Liceu a Barcellona, il Teatro dell'Opera di Tokyio sono soltanto alcuni dei palcoscenici che l'hanno vista interprete in ruoli primari.

Sulla scena dei principali teatri italiani e nelle più prestigiose manifestazioni musicali Mariella Devia ha rappresentato i personaggi femminili di primo piano dei maggiori compositori dell'opera lirica – da Rossini, a Mozart, a Donizetti, a Bellini, a Verdi – ottenendo affermazioni personali di assoluto rilievo in ognuno dei ruoli eseguiti. Gli storici della musica concordano nel definirla tra le più belle voci del belcanto italiano di tutti i tempi, sottolineandone la vocalità straordinaria e la sua forza interpretativa.

Da bambina amavo travestirmi, soprattutto quando andavo a casa dei nonni, dove potevo indossare gli abiti della nonna e poi salire su una sedia e cantare. Evidentemente già allora ero affascinata dall'idea del teatro, ma credo che questa sia una caratteristica di tutti i bambini, un modo per arricchire la realtà dando libero sfogo alla fantasia.

Il canto è entrato presto nella mia vita, grazie ai dischi che si ascoltavano in famiglia. Io ero un'ascoltatrice assidua, mi rimanevano impresse alcune arie e continuavo a ripeterle mentalmente. Abitavo in campagna, la strada per andare a scuola era abbastanza lunga, così, per passare il tempo, durante il percorso per tornare a casa, cantavo.

Con i miei genitori avevo un buon rapporto: sono figlia unica quindi le loro attenzioni erano tutte rivolte verso di me, ma non in maniera compulsiva, come spesso accade con i figli unici. A mia volta ero serena e stavo bene con loro. Sono stati genitori presenti ma non hanno cercato di impormi le loro aspettative, anzi, hanno saputo assecondarmi nei miei sogni. Quando a quindici anni sono andata a studiare a Milano, erano molto spaventati all'idea di lasciarmi andare, ma non me l'hanno impedito, hanno lasciato che facessi quello che desideravo e sognavo fare.

Gli anni del conservatorio sono stati belli e interessanti. Dopo gli anni di Milano, ho seguito gli spostamenti della mia insegnante Jolanda Magnoni, trasferendomi dapprima a Napoli e infine a Roma, al Conservatorio di Santa Cecilia. È stato un periodo lungo, caratterizzato dalla formazione professionale, ma anche da altri interessi e dalle amicizie con i compagni e le compagne di corso, alcune delle quali ancora mantengo con gioia.

Allontanarmi dalla famiglia mi ha portato a scoprire ambienti diversi da quelli ai quali ero abituata nell'infanzia. Come si suol dire, un periodo di «apprendistato», che ha ovviamente influito sulla mia vita successiva, mi ha aiutato ad avere orizzonti più ampi e mi ha lasciato molti bei ricordi.

Nonostante ciò sono rimasta molto legata alla mia terra d'origine e appena gli impegni di lavoro lo consentono, mi ritiro nel mio paese dell'entroterra ligure. E non si tratta di un legame limitato ai luoghi in cui sono nata, ma più in generale alle mie radici. Conservo infatti un rapporto speciale con i cugini e con gli amici del mio paese di origine, con i quali mi ritrovo ogni anno a... parlare il nostro dialetto.

Tuttavia per me, come per tutti, le amicizie più importanti non sono necessariamente quelle dell'infanzia o della giovinezza: possono nascere, a volte inattese, anche quando si è più in là con gli anni. In tal caso l'incontro avviene tra persone già strutturate, con esperienze e interessi che possono essere comuni o distanti: ognuno ha già percorso la propria strada e l'amicizia può diventare davvero uno scambio e anche un contributo reciproco nella quotidianità. A differenza di quanto avviene con gli amici d'infanzia, l'amicizia tra persone adulte si basa non solo sulle affinità – che sono comunque indispensabili – ma, quasi per paradosso, anche sulle diversità, che hanno un fondamentale ruolo di stimolo intellettuale e affettivo.

Sono una persona molto esigente ed è difficile che io sia completamente soddisfatta di me. Perciò lungo tutta la mia carriera ho continuato a studiare, e lo faccio ancora ogni giorno. Questo ovviamente comporta dei piccoli «sacrifici» quotidiani e significa in qualche modo vivere come se fossi un'atleta, con una disciplina costante, con regolarità, direi con dedizione nei confronti del lavoro. A mio parere questo è l'unico modo per affrontare la professione di cantante, in cui è fondamentale non tralasciare mai neppure il minimo dettaglio, sia nell'interpretazione sia, soprattutto, nella preparazione di un'opera o di un concerto. Solo la costanza nel lavoro, infatti, riesce a darmi la fiducia in me stessa necessaria per affrontare il palcoscenico.

Credo in me stessa quando studio, quando mi accorgo di poter introdurre novità, per esempio, in un'aria che ho già cantato, quando riesco a migliorare un'interpretazione. Quando debutto in un'opera o in un'aria da concerto, a volte, anche dopo una lunga preparazione, stento a mantenere la distanza giusta tra come credo di aver cantato e come avrei voluto farlo, e alla fine della recita sono assalita dai dubbi, dalle incertezze. Subito dopo, però, ricomincio a studiare e di nuovo mi sento in grado di affrontare tutte le difficoltà che la mia professione comporta.

Durante la fase di preparazione la mia giornata è scandita dagli orari delle prove e dalla fatica che si fa per poter essere pronti ad affrontare il palcoscenico, uno sforzo quotidiano che è parte integrante della nostra vita. Non posso dire quante ore al giorno normalmente io canti. Minimo sei, ma in realtà le ore possono essere di più, fino a quando sento di avere la voce.

È un lavoro che necessita di molte ore di allenamento della voce, della memoria, del fisico. Bisogna conoscersi bene, saper dosare le proprie forze, saper cogliere i segnali che il corpo ti manda e assecondarlo. Ma oltre allo sforzo fisico, c'è quello mentale. La memoria deve esser allenata come il corpo. Non ci possono essere buchi, ma il timore di dimenticare c'è ogni volta, è umano; non ci può mai essere l'esitazione, anche se non sempre ci si sente allo stesso modo.

Ovviamente, per un cantante, come per chiunque intraprenda una carriera artistica, non conta soltanto la consapevolezza personale di aver svolto al meglio il proprio lavoro, ma è fondamentale anche l'apprezzamento del pubblico. Non saprei individuare, all'interno del mio repertorio, quale personaggio mi abbia dato il successo più importante! Al di là dell'interpretazione musicale – se la si può chiamare così – di volta in volta cerco di assumere lo stato d'animo, il carattere, l'emotività del personaggio che sto interpretando, che si tratti di una donna realmente vissuta o dell'eroina di qualche romanzo. Dopo averne studiato la storia, aver ripercorso il periodo in cui si svolge la trama, dopo aver superato le difficoltà dello spartito e aver cercato di appropriarmi di quanto l'autore ha scritto, durante la recita mi interessa essere pronta ad affrontare il personaggio, sentirmi sicura di poter esprimere al meglio le mie potenzialità. Poi viene il giudizio del pubblico, che è la più bella conferma di aver svolto bene il mio compito, ma non sempre esso segue le mie aspettative e le mie personali valutazioni sul mio lavoro. Per questo non saprei dire qual è il personaggio con cui ho avuto maggior successo.

Forse il mio più importante successo è... fare il soprano.

Conciliare gli impegni di lavoro, spesso all'estero, con il mio essere madre non è stato facile ma, per fortuna, quando gli impegni di lavoro mi costringevano fuori casa per periodi lunghi, sono stata aiutata da mia madre. Mia figlia non mi ha mai creato problemi; è stata una bambina e un'adolescente tranquilla e fin da piccola ha accettato la mia professione. Da parte mia ho seguito la sua crescita come fanno tutte le madri e ci siamo organizzati, in famiglia, in modo da poter stare insieme il più possibile. A dire il vero, era lei che si informava sui miei programmi di lavoro e sulle date dei miei viaggi, per svolgere i suoi doveri scolastici in sintonia con i miei impegni e potermi raggiungere nelle varie parti del mondo. La mia professione è stata positiva anche per questo: molto spesso abbiamo viaggiato insieme, mia figlia ha convissuto con me tante esperienze importanti e il nostro legame ha potuto nutrirsi di esperienze, emozioni e sensazioni comuni che ancora condividiamo. Ora che mia figlia è divenuta a sua volta madre, posso vivere con lei anche questa gioia.

I valori fondamentali per me sono quelli «etici» – l'onestà, la sincerità, la correttezza – sui quali si dovrebbe basare la società e che cerco di applicare in ogni ambito della mia vita, compresa la mia attività professionale.

Solo la consapevolezza di svolgere bene il proprio lavoro nel rispetto dei nostri valori ci dà la serenità che, accompagnata dalla forza d'animo, ci permette di superare le paure. Per un'artista come me la paura da vincere ogni giorno è quella di affrontare il palcoscenico. È inutile nascondersi: esiste, c'è, ogni volta, ma è una paura che so di poter controllare, perché la posso prevedere e quindi dominare. Il primo passo sul palcoscenico è l'attimo fatale, ma anche il momento in cui la paura passa, perché nulla è peggiore dell'attesa e poi non c'è più tempo nemmeno di aver paura. Quando entri in scena tutto il resto perde importanza e pensi solo a dare il meglio di te stessa, fino a quando cala il sipario. Allora senti addosso il peso di tutto, ma è anche il momento della soddisfazione, il momento più bello.

Ovviamente nella vita di un artista, come in quella di chiunque altro, esistono molte altre paure, oltre a quelle legate alla propria professione. Personalmente ho il terrore del terremoto, eppure lo affronto. Quando vado in Giappone, ad esempio, sono sempre terrorizzata dalle scosse che si avvertono di continuo, eppure ci sono tornata anche quest'anno. Molti miei colleghi, dopo la catastrofe che nel 2011 ha colpito quel Paese, hanno disdetto i loro impegni. Io invece sono andata, ho cantato con passione e forza, e sono stata ripagata dall'affetto e dalla gratitudine dei giapponesi, che mi hanno ringraziato come sempre, ma con un affetto ancora maggiore.

La mia paura più grande è un'altra, come per chiunque, ma fatico a esprimerla. Vorrei parlare di mio marito che non c'è più, ma non ce la faccio, perché è una ferita ancora troppo aperta. Non ci riesco, ma il suo ricordo è vivo e presente in me, costantemente. Non sempre le paure si possono vincere, a volte sono troppo grandi, e quando si è deboli o stanchi ci si lascia andare e il dolore che si ha dentro si fa sentire, ma alla fine si trova la forza per andare avanti. Non si può fare diversamente, la vita deve continuare.

Solidarietà significa aiutare gli altri, ogni qual volta se ne ha l'opportunità. Penso che ciascuno di noi in relazione alle proprie forze, alle proprie capacità, debba andare incontro al prossimo. Certo, chi sta in alto può fare di più, ma ognuno in base alle proprie possibilità ha il dovere di prendersi cura del prossimo.

In quanto esseri umani dobbiamo saper vedere ciò di cui può avere bisogno il nostro fratello, vicino o lontano che sia. Ciò significa aiutare i paesi più poveri, ma anche soccorrere chi ti sta vicino, magari perché attraversa un momento difficile, perché ha perso il lavoro, perché è solo. Nella vita, infatti, non si può far finta di nulla, mai.

MICOL FONTANA

Micol Fontana è una donna di straordinaria vivacità, piena di fantasia, di inventiva, pervasa dal «fuoco sacro» della moda.

Ha iniziato la sua attività di creatrice con le sorelle Zoe e Giovanna nel piccolo laboratorio della madre Amabile, ereditato a sua volta dalla bisnonna a Traversetolo, un paese a venti chilometri da Parma.

La volontà di spostarsi alla ricerca di nuovi orizzonti portò nel lontano 1936 le tre sorelle a Roma, dove iniziarono a lavorare per l'aristocrazia della città. La prima cliente importante fu Gioia Marconi, figlia del grande scienziato, e da quel momento il successo fu travolgente. Con l'abito da sposa creato nel 1949 per Linda Christian, futura moglie di Tyrone Power, l'eco del lavoro delle sorelle Fontana giunse negli Stati Uniti e poi in tutto il mondo. Un successo travolgente che coinciderà con la nascita del fenomeno del «made in Italy» e che porterà alle tre sorelle premi e onorificenze internazionali.

Nel 1994 Micol Fontana ha creato una fondazione che porta il suo nome e ha sede a Roma in via San Sebastianello 6. A testimonianza del lavoro svolto dal-

le sorelle Fontana, la Fondazione Micol Fontana ospita un archivio storico di abiti, figurini, ritagli stampa, ricami, aperto ai giovani creatori di moda e a tutti coloro che amano l'artigianato italiano.

La mamma aveva una sartoria in casa. Era l'unica sarta di Traversetolo e con i nostri abiti vestivamo tutte le donne del paese, dalle contadine alle persone importanti, che poi erano la moglie del farmacista e del medico.

Da generazioni tutte le donne di casa facevano la sarta. Prima di mia mamma, che si chiamava Amabile, anche la nonna Zeide aveva fatto la sarta e così sua madre. Anche il nostro futuro sarebbe stato quello di proseguire l'attività di famiglia, e così fummo abituate a lavorare fin da bambine e andammo a scuola solo fino alla quinta elementare, perché non avrebbe avuto alcun senso proseguire gli studi: in fondo eravamo predestinate a fare le sarte a Traversetolo.

Durante la settimana lavoravamo e la domenica, dopo la messa, le signore venivano a casa nostra per la prova dei vestiti. C'era poco tempo per gli svaghi, per i primi balli... Solo la domenica pomeriggio riuscivamo a uscire. Era l'unico giorno in cui la mamma lasciava che si spegnesse il carbone del ferro da stiro, ma per arrivare a quel pomeriggio di libertà la notte del sabato restavamo sveglie fino a molto tardi. Dico sul serio, a volte lavoravamo tutta la notte. Non so se le giovani di oggi lo farebbero.

Verso i quattordici, quindici anni, affascinate dalla vita delle grandi città, cominciammo a sentire il desiderio di andare via da Traversetolo. Il sogno poté realizzarsi qualche anno dopo, quando Zoe tornò da Parigi, dove si era trasferita con il marito, il giovane artista e antiquario Mario Montanarini.

Il loro soggiorno in Francia era durato due anni, nel corso dei quali aveva studiato l'alta moda e aveva lavorato alle dipendenze di una grande azienda di moda, che poi l'aveva licenziata per il suo brutto carattere. Parigi era il luogo ideale per apprendere i segreti della sartoria e nelle sue lettere di quel periodo Zoe ci descriveva una città da favola. Noi, d'altra parte, le raccontavamo le nostre piccole novità. Ricordo il suo stupore quando la informammo che la mamma aveva comprato il ferro da stiro elettrico, anche se in realtà ci mancava l'odore del ferro a carbonella.

Al suo ritorno, nel 1936, Zoe ci prospettò la possibilità di lavorare in una grande città. Aveva un carattere molto forte, come del resto anch'io, ma in quel periodo le decisioni importanti spettavano a lei. Disse che sarebbe andata alla stazione di Parma e avrebbe preso il primo treno in partenza. Se fosse passato per primo il treno per Milano, sarebbe andata a Milano, se fosse passato per primo quello per Roma, sarebbe andata a Roma. Passò prima il treno per Roma...

Giovanna e io la raggiungemmo il mese successivo. E così la nostra storia fu segnata dal caso e da quel treno, perché se fosse passato per primo il treno per Milano tutto sarebbe stato diverso. Fu il caso a farci arrivare a Roma e fu la nostra fortuna. A Roma c'erano i salotti dell'aristocrazia, i nobili e nel dopoguerra gli attori americani. Il mondo in quegli anni sembrava ruotare attorno a Roma. Quel treno è stata la nostra fortuna.

Quando una persona capisce che c'è una possibilità, uno spiraglio che si apre, deve buttarsi. Poi, si sa, la fortuna aiuta gli audaci e noi eravamo davvero determinate.

Posso veramente dire che noi abbiamo vestito la fortuna!

O, forse, sarebbe meglio dire che la fortuna si è fatta vestire da noi.

Papà e mamma sono stati favolosi a consentire a tre figlie, tre ragazze ancora giovani, di partire. È stato papà a lasciarci andare, perché sulle questioni importanti era lui a prendere la decisione finale, anche se nelle faccende di tutti i giorni era la mamma a comandare. Diciamolo, ci sarebbe voluto coraggio a restare, per noi è stato più facile partire. I nostri genitori ci hanno dato la possibilità di provare e noi sapevamo che la sartoria di mamma era sempre lì ad aspettarci. Non è stato un salto nel buio, è stato un tentativo, che per fortuna ha funzionato.

Andammo a Roma nel 1936. Zoe lavorava nella sartoria di Zecca, io ero stata assunta in una piccola sartoria in via Cola di Rienzo, nel quartiere Prati. Lavoravamo sotto padrone, come si diceva a quei tempi. Giovanna invece preferì lavorare a casa, diciamo che era la più casalinga, la più giovane, quella che ha sempre condotto una vita più normale, però era tecnicamente la più brava. E poi, cucinava benissimo.

Nel 1938 Zoe perse il lavoro per scarso rendimento, il secondo di ben tre licenziamenti. In ogni modo, non tardò a trovare un altro posto: da Battilocchi, dove ottenne un ruolo importante, andava persino a provare gli abiti alla regina Elena e la sera, a casa, ci insegnava a fare l'inchino.

Gli orari erano molto pesanti, ma a quei tempi non si faceva il conto delle ore, si lavorava solo per le consegne. Qual era lo stipendio? Non lo ricordo, posso dire però che mettevamo da parte i soldi nella scatola di cioccolatini.

Fu in quell'anno che iniziammo a sognare una sartoria tutta nostra, soprattutto dopo che Zoe fu licenziata anche dalla sartoria di Battilocchi. Questa volta non fu per scarso rendimento, ma con l'accusa, peraltro falsa e non provata, di seguire alcune clienti in proprio.

Il caso decise ancora per noi. Una volta compiuto il grande salto, Zoe azzeccò la scelta giusta, prendendo in affitto due stanze in via Emilia, una traversa di via Veneto. Era la zona dell'aristocrazia romana, non un quartiere popolare, perché il nostro lavoro doveva ruotare attorno a quell'ambiente. Le nostre due stanze di giorno erano salotti di prova, di notte si trasformavano in camere da letto.

Volevamo davvero avere successo. Al centro della nostra vita c'era il lavoro e noi sapevamo di poter riuscire. Iniziammo a fare gli orli e altri piccoli lavori, a procurarci le clienti era la portinaia dello stabile. Diceva a tutte che erano arrivate tre ragazze che lavoravano molto bene.

La nostra forza è stata quella di essere in tre, tre personalità diverse. Zoe voleva l'alta moda e aveva le capacità per crearla e l'intuito per capire la strada da seguire. Io ero la più commerciale, quella con la mentalità imprenditoriale e Giovanna era abile a occuparsi del laboratorio e a controllare che i lavori venissero eseguiti nel modo giusto, soprattutto quando l'azienda diventò più grande, ma sarebbe accaduto solo in seguito, e prima accaddero tante altre cose.

Quando però c'era da scegliere eravamo sempre unite. Litigavamo per un'asola, un bottone, un giro di manica, ma non abbiamo mai avuto divergenze per la conduzione della sartoria. Quando litigavamo, litigavamo in dialetto, così nessuno a Roma poteva capirci.

I primi anni in proprio non furono certo facili, anche perché l'Italia era entrata in guerra, ma per nostra fortuna l'aristocrazia si vestiva ugualmente e iniziava a vestire dalle Sorelle Fontana. Non avevamo paura di niente, per il lavoro non ci fermava nessuno. Non smettevamo mai di lavorare, per carità!

Nel frattempo anche i nostri genitori ci avevano raggiunto a Roma e avevano comprato un casale a Prima Porta dove papà allevava polli, galline, coltivava patate, faceva persino il burro. La guerra continuava, in città i rifornimenti scarseggiavano e noi barattavamo i prodotti della campagna soprattutto con stoffe di seta. Per noi, che eravamo lavoratrici e madri, il fatto di avere i genitori vicini fu una sicurezza, proprio come accade oggi, anche se i tempi erano molto più difficili, non dimentichi che la guerra era sempre più devastante.

Nonostante la guerra in corso, noi avevamo intensificato la nostra attività. Nel 1943 avevamo già tre o quattro lavoranti e ben presto le due stanze in via Emilia non furono più sufficienti. Da tempo guardavo e riguardavo un palazzetto di tre piani in via Liguria, di proprietà del conte Orsini. Un giorno notai accanto al portone un cartello «affittasi» e decidemmo di prenderlo per seimila lire al mese. Al primo piano c'erano i salotti di prova, al secondo piano il laboratorio, all'ultimo la nostra abitazione. Era ciò che avevamo desiderato quando eravamo partite da Traversetolo.

Fu necessario assumere altre lavoranti. In pochi anni passammo da cinque a venti sartine e ricordo che all'epoca la capogruppo guadagnava circa seicento lire al mese.

In quel periodo avevamo già numerose clienti,

tutte della buona società, tra cui Gioia Marconi, la figlia di Guglielmo Marconi, le giovani Caracciolo, Torlonia, la marchesa Marita Guglielmi, la principessa Irene Galitzine. Inventammo anche la figura della *mannequin de société*. In occasione di feste e balli prestavamo i nostri abiti alle giovani figlie delle famiglie aristocratiche, che così indirettamente pubblicizzavano il nostro atelier. A queste feste partecipavano anche molti americani, che nel frattempo avevano invaso Cinecittà, e finivano a via Veneto, a due passi dalla nostra casa di moda, attratti dalla nobiltà romana.

Probabilmente fu così che Linda Christian venne a sapere di noi e un giorno ci fece visita. Era il 1949. Grazie all'abito che le confezionammo per il matrimonio con Tyrone Power si aprirono le porte della notorietà. Divenne di gran moda sposarsi a Roma e farsi realizzare il vestito dalle sorelle Fontana!

Il salotto di prova era un confessionale: anche le attrici più belle e famose raccontavano la loro vita, che cosa facevano, chi volevano conquistare. Erano donne bellissime, ma spesso insicure e avevano bisogno di consigli, non solo su come vestirsi.

Fui invitata in America da Linda per la nascita della figlia Romina, di cui sono madrina. Durante quel soggiorno Linda organizzò per me una sfilata a Los Angeles a cui parteciparono le sue amiche, che si chiamavano Ava Gardner, Audrey Hepburn, Rita

Hayworth, Liz Taylor, Myrna Loy, Barbara Stanwyck, Kim Novak, Deborah Kerr, Joan Fontaine.

Fu l'inizio della mia avventura americana, nonostante avessi una paura blu di volare, un terrore che mi è restato per tutta la vita, ma che non mi ha impedito di viaggiare in continuazione e prendere moltissimi aerei, perché la voglia di arrivare era più forte della paura.

L'America mi conquistò, mi sentivo bene laggiù, mi piaceva la vita delle donne americane, che si occupavano di tutto, della casa, della spesa, della famiglia, ma soprattutto lavoravano, sapevano lavorare e amavano lavorare, ed erano eleganti anche quando andavano a fare la spesa.

Nel 1952 Luciano Emmer realizzò *Le ragazze di Piazza di Spagna*, girato in buona parte nel nostro atelier, e io mi recai in America per promuovere il film con Elsa Martinelli, Lilly Cerasoli, Iris Bianchi, tre attrici giovani e belle. Gli americani erano affamati di tutto ciò che ricordasse l'Italia, che era sinonimo di storia, cultura, eleganza, e io ero orgogliosa di portare l'Italia in America, attraverso la moda e quelle tre belle ragazze, ciascuna vestita con un abito del colore della nostra bandiera.

In America ebbi un enorme successo, che in seguito mi consentì di portare anche in Italia il *ready to wear*. Restai negli Stati Uniti dal 1950 al 1966-67, abitavo in un appartamento all'Hotel Plaza, a New York, con annesso show room, e avevo persino un press agent. Furono anni molto intensi, in cui la mia vita ruotava intorno al lavoro.

Conobbi Pierre Balmain in occasione di una sfilata. Appena lo vidi non lo riconobbi, notai soltanto che era un uomo molto elegante, anche se non bello. Forse era talmente elegante che non era necessario che fosse bello. Parlava inglese e francese alla perfezione e io stavo in silenzio, per forza, non conoscevo una parola di inglese! Dopo la sfilata, però, la stampa parlò solo di me e dei vestiti delle Sorelle Fontana: a quel punto a stare zitto fu lui... muto!

Un giorno ci fu la prima della *Traviata* al Metropolitan di New York e il mio press agent disse: «Micol, c'è tutto il mondo, domani tutti devono parlare solo ed esclusivamente di te». Gli chiesi: «Come faccio?» Mi rispose: «Tingi i capelli di verde, indossa un vestito bianco e il rossetto rosso e fiori rossi». Così feci e il giorno dopo tutta la stampa parlava di me, di Micol Fontana. Era il 1953.

In quello stesso anno posso dire con orgoglio che le Sorelle Fontana arrivarono alla Casa Bianca. Certo, quando partimmo da Traversetolo non potevamo immaginare di arrivare fin là, ma erano tempi in cui questo genere di scalata si poteva ancora fare, onestamente. Se ti rimboccavi le maniche, lavoravi e avevi fortuna, potevi veramente riuscire. Nel 1955 confezionammo l'abito da sposa per la figlia di Truman, anzi le confido che il suo amatissimo marito l'aveva notata per la prima volta avvolta in un nostro abito e si era subito innamorato di lei. In un certo senso fu il nostro abito a metterla in luce.

Un altro episodio al quale sono molto affezionata è il cinquantesimo anniversario della sartoria di famiglia. Pio XII, papa Pacelli, ricevette in udienza privata noi e tutte le nostre lavoranti, sarte, disegnatori, indossatrici, impiegate. Le lavoranti indossavano il camice da lavoro bianco e celeste, cui avevano aggiunto il velo bianco, tutti gli altri erano in abito scuro. Fu un giorno memorabile. Per noi il lavoro era la nostra famiglia e noi per i nostri dipendenti rappresentavamo una famiglia.

Amicizia e rispetto verso i dipendenti sono sempre stati al primo posto. Che fossimo in fabbrica, o che ci trovassimo in piazza di Spagna, prima di salire negli uffici passavamo a dire «buongiorno ragazze!», anche quando sia noi che loro ragazze non eravamo più, ma sempre «buongiorno ragazze» era!

Perfino negli anni delle fabbriche, quando avevamo duecentottanta dipendenti, la nostra rimase sempre un'azienda a carattere familiare. Tutto questo funzionò negli anni Cinquanta, Sessanta, poi si trasformò in una debolezza, perché non avevamo manager sufficientemente esperti.

Nel 1955 il dittatore di Santo Domingo, Rafael Trujillo, decise di incoronare la figlia reginetta della pace e incaricò una casa di moda francese, Balmain, una spagnola, Balenciaga, e una italiana, le Sorelle Fontana, di disegnare un abito per l'occasione. Il vestito prescelto fu proprio il nostro, ma quanta fatica ci costò!

A parlarne sembra impossibile, allora non mi rendevo conto... lavoravo, basta!

Per realizzare quel vestito mia sorella Giovanna e trenta sarte si trasferirono a Santo Domingo per tre mesi, il tempo necessario per vestire non solo la figlia di Trujillo ma anche le duecento damigelle.

Proprio con il guadagno di questo prestigioso incarico abbiamo comprato la sede di piazza di Spagna, dove ci siamo trasferite nel 1958.

Quando tornai dall'America decidemmo di compiere un'altra svolta: aprimmo la prima fabbrica alla Magliana. L'idea fu mia e le mie sorelle compresero. Vendevamo già in tutti i magazzini americani con il marchio Fontana Export e io volevo anche in Italia il *ready to wear*, volevo una moda per tutte.

Finché abbiamo avuto soltanto la fabbrica alla Magliana abbiamo lavorato tutte insieme, poi il lavoro incrementò moltissimo e decidemmo di aprire la seconda fabbrica, a Cecchina, un comune nei pressi di Roma che però rientrava nell'area coperta dalla Cassa del Mezzogiorno. Era uno stabilimento ampio e moderno, decisamente all'avanguardia e fu inaugurato nel 1965 da Giulio Andreotti. Davamo lavoro a 280 sarte e venti impiegati. La mole di lavoro era impressionante: Giovanna si occupava del

Jolie Fontane, che era la collezione a livello più semplice, io seguivo Sorelle Fontana Alta Moda Pronta, che era il prêt-à-porter a livello alto, Zoe era a piazza di Spagna e si occupava dell'alta moda, creata proprio lì. Lo stile era sempre lo stesso, ma cambiavano lavorazioni e materiali.

In quei tre anni raggiungemmo il massimo del successo e la produzione di un giorno era uguale a quella che solo pochi anni prima realizzavamo in un mese. Esportavamo in dodici paesi, tra cui Stati Uniti, Australia, Sudafrica, Inghilterra, Svizzera, e in Italia disponevamo di una rete di cinquecento boutique.

Impressionante, vero? Tutto in trent'anni, tutto a ritmi vorticosi. Poi il 1968 segnò l'inizio della fine.

Arrivarono i tempi della ribellione, delle guerriglie e dei cortei. Ci capitava di restare barricate dentro gli uffici di piazza di Spagna e osservare sbigottite i rivoltosi che danneggiavano vetrine e negozi.

Gli scioperi selvaggi, a singhiozzo, alla fine ci costrinsero a chiudere. La fabbrica infatti produceva a pieno ritmo, perché avevamo moltissime ordinazioni, ma con gli scioperi le consegne arrivavano tardi e gli acquirenti restituivano gli abiti, pagavano solo il venduto e restituivano il non venduto. Per salvare il salvabile decidemmo di vendere gli abiti in fabbrica a prezzo di costo. In fondo potrei dire che gli outlet li abbiamo inventati noi!

Il mercato americano finì proprio in quel periodo. Chiudere l'ufficio di rappresentanza all'Hotel

Plaza mi fece molto male. Nonostante tutto a piazza di Spagna si continuava a lavorare, così come l'alta moda pronta vendeva i suoi modelli, ma ci sentivamo ferite, finanziariamente e nell'orgoglio.

In quel periodo saremmo davvero potute cadere nella disperazione, perché tutto quello per cui avevamo lavorato stava andando in fumo, stavamo fallendo, sia economicamente sia personalmente. Ma sa, a casa Fontana non si piange, non si dice «povero me». A casa Fontana si va avanti, ci si rimbocca le maniche e si fa un'altra cosa. Se non sei un motore trainante la fortuna ti abbandona. Ti si presenta una volta, poi ti lascia.

Sa che cosa feci? Schizzai dall'altra parte del mondo: il Giappone mi stava aspettando. Sono passata da uomini altissimi a uomini piccolissimi. Almeno mi sentivo alta, anche perché loro si inchinavano sempre. Andai in Giappone quaranta volte, dal 1970 al 1992, però la lezione era servita. Niente più fabbrica, niente più abiti fatti da noi, bensì licenze, *royalties*. Noi vendevamo il modello, la collezione e poi, se il fatturato era superiore a una certa cifra, venivano pagate le *over royalties*. A inventare quel metodo era stato Pierre Cardin e io l'ho seguito. Facevamo abiti, foulard, cravatte, ombrelli, borse, biancheria per la casa. Fu faticoso, ma stimolante. Avevo un manager che controllava e un'interprete, la signora Chiba, favolosa; ma ripeto, niente più produzione.

In seguito, sbarcammo anche in Cina. Nell'atelier di piazza di Spagna, dove si continuava a lavorare, al piano terra tenevamo il prêt-à-porter e la boutique, mentre il primo piano era riservato all'alta moda.

Poi, disegnammo le uniformi per Alitalia, per Zaire e Zambia, ONU, Air Canada, Banca d'Italia, l'Expo Mondiale di Montreal, fino ad arrivare allo studio delle divise dell'allora nascente Corpo femminile dei vigili urbani di Roma. Abbiamo organizzato sfilate sulle navi, sull'Orient Express Roma-Parigi in movimento. Il mio sogno era organizzare una sfilata sul jumbo diretto a New York, ma non ci sono riuscita.

Non mi sono fermata mai, ho sempre affrontato il mondo a testa alta! Micol Fontana non è mai stata pessimista, non bisogna esserlo, ma bisogna sempre guardare avanti.

A un certo punto non riuscimmo più a seguire la produzione e cedemmo l'azienda. Fu una scelta dolorosa, meditata a lungo, ma la decisione giunse in un attimo. Subito dopo creai la Fondazione Micol Fontana, con sede in via San Sebastianello.

Dove negli anni Ottanta c'erano gli uffici e i disegnatori, oggi c'è la sede della Fondazione e io ogni mattina continuo a venire, perché questa è la mia vita. Oggi la Fondazione organizza corsi di formazione e promuove la cultura dell'alta moda, oltre a esporre nelle sue sale 240 abiti originali prodotti dal 1943 al 1994, una collezione che continua ad ampliarsi grazie alle donazioni delle nostre clienti che vogliono vedere in mostra i vestiti che abbiamo realizzato per loro.

Ho sempre creduto nei giovani. Già negli anni Cinquanta invitavamo i giovani a fare esperienza nella nostra sartoria. Collaboravo anche con l'Istituto di design di Firenze e con l'Accademia di moda e costume di Roma, della quale sono stata per molti anni vicepresidente.

La solidarietà è un concetto profondo e impegnativo, a volte trattato in modo non adeguato, strumentale e modaiolo. È un obiettivo, che ciascuno di noi dovrebbe prefiggersi, di condivisione di idee, di responsabilità e soprattutto di sostegno morale e materiale nei confronti di chi ne ha bisogno.

Penso che, anche quando si ritenga di avere agito in questa direzione, si possa fare comunque di più.

CARLA FRACCI

Carla Fracci è universalmente riconosciuta come una tra le più grandi ballerine del Novecento, sicuramente la più grande interprete del repertorio romantico, tanto da essere detta la Maria Taglioni del XX secolo.

Debuttò in La Sylphide *di August Bournonville nel 1962 al Teatro dell'Opera di Roma, al fianco di Erik Bruhn, con il quale formò un leggendario sodalizio, culminato nel 1967 con l'esecuzione all'American Ballet Theatre, di* Giselle, Coppelia *e* La Sylphide, *interpretazioni che le valsero l'assegnazione del Dance Magazine Award, il massimo riconoscimento per un danzatore.*

A lungo è durata anche la collaborazione con Rudolf Nureyev, con il quale danzò nel Romeo e Giulietta, *insieme al suo idolo d'infanzia, Margot Fonteyn che in quell'occasione interpretava il ruolo della madre.*

Nel 1946, tanti anni fa, era ancora il dopoguerra, entrai alla Scuola di danza del Teatro alla Scala. Non si trattò di una mia scelta, ma furono gli amici dei miei genitori che, vedendomi ballare, dissero:

«Questa bambina ha molta grazia, molta musicalità, dovreste mandarla alla Scuola della Scala». Fin da piccola con papà avevo ballato solo balli da sala, valzer e tango, al dopolavoro dei tranvieri.

I miei genitori scelsero la Scuola della Scala anche per un altro motivo: era gratuita e comprendeva oltre allo studio della danza tutti i corsi scolastici, un aspetto non certo trascurabile per una famiglia molto semplice come la nostra: papà era tranviere, la mamma lavorava.

Fino a sette anni avevo trascorso lunghi periodi in provincia di Cremona, in campagna, con i nonni e gli zii. Era una vita spensierata, bella, che mi rimase addosso e nel cuore. La semplicità e l'autenticità delle persone che lavorano nelle campagne trasmette l'amore per la vita all'aria aperta e quei valori ti rimangono per sempre.

Tuttavia non era certo la preparazione ideale per entrare nella Scuola della Scala, senza sapere che cosa fosse il teatro, che cosa fosse quella vita. Per me, che allora avevo solo dieci anni, fu un periodo particolarmente difficile. In fondo continuavo a immaginare di andare a ballare il valzer e il tango e desideravo andare nei prati a raccogliere fiori come facevo in campagna.

Nonostante tutto resistetti, proseguii negli studi e iniziai a conoscere la vera danza, fatta non solo di arte e piacere, ma anche di impegno e fatica, soprattutto se si pensa, come pensavano i miei genitori, che potesse diventare un lavoro, una professione.

Si comincia con gli esercizi alla sbarra, in prima posizione, e si continua così per tutta la vita, quella prima posizione che accompagna per tutta la carriera. A poco a poco capii la grande fortuna che mi era capitata e compresi quanto fosse importante per me far parte della scuola di ballo di un grande teatro, capace di formarmi e educarmi.

La scuola iniziava alle 8.30 e le lezioni proseguivano in aula per tutto il giorno. La nostra stanchezza era attenuata dalla musica stupenda che ci giungeva alle orecchie negli spostamenti tra un'aula e l'altra: che suoni, che voci, che piacere! Dopo il quinto anno le lezioni di danza si intensificavano ulteriormente, ma a quel punto la passione per il balletto aveva preso il sopravvento.

Un ricordo a cui sono molto legata è quello della selezione per entrare alla Scuola di Ballo. Dopo alcuni, diciamo così, banali esercizi fisici, mentre la commissione passava fra noi, le aspiranti allieve venivano subito divise in tre gruppi: uno di ragazze già scelte, uno di ragazze escluse, uno di «quelle da rivedere». Io per fortuna ero entrata in quest'ultimo gruppo ed Ettorina Mazzucchelli, che in seguito sarebbe stata tra le mie insegnanti, mi guardò e disse: «Questa bambina è molto gracile, però *la g'ha un bel facin*! Ammettiamola!» E così fui ammessa per il mese di prova, lo superai ed entrai alla Scuola di Ballo della Scala.

Ma non fu solo grazie al «bel facin» che riuscii, bensì con la forza d'animo, la tenacia, il lavoro costante. Il mio successo richiese grande impegno. Seppi seguire le mie insegnanti, che nella vita di una ballerina hanno un ruolo importantissimo, come del resto in tutte le altre professioni. Non ci sarebbero bravi allievi se non ci fossero bravi maestri. In quei primi anni di scuola ebbi insegnanti straordinarie, oltre a Ettorina Mazzucchelli, Edda Martignoni, la grande Vera Volkova, che mi voleva portare via con sé, Esmée Bulnes, che mi aiutò perfino a essere protagonista del saggio di diploma *Lo spettro della rosa*, andato in scena dopo che la divina Maria Callas aveva cantato la *Sonnambula* di Vincenzo Bellini, con Luchino Visconti regista e Leonard Bernstein direttore. Che fortuna! Fui notata dall'Europa intera. Che serata!

Negli anni in cui frequentavo la scuola, fu invitata in tournée al Teatro alla Scala la compagnia del Royal Ballet, per portare in scena *La bella addormentata* con la sua prima ballerina, la mia amatissima Margot Fonteyn, la più grande danzatrice del mondo, nel ruolo di protagonista. Quella fulgida stella fece scattare in me «qualcosa», si trattò di una vera e propria folgorazione. Era dotata di una linea bellissima e nello stesso tempo di freschezza, semplicità, eleganza, stile. Per me divenne subito un punto di riferimento. Ero ancora una bambina ma quella sera accadde qualcosa che mi avrebbe cambiata per sempre.

La gioia fu tale che mi fermai a lungo anche dopo lo spettacolo, oltre la fine del primo atto, a cui avevo partecipato come piccola comparsa. Di solito noi bambine, terminato il nostro impegno, scappavamo subito a casa e invece io restai incuriosita e affascinata a osservare Frederick Ashton, ballerino, coreografo e grande maestro del Royal Ballet, salire sul palcoscenico, avvicinarsi a lei, alla divina Margot, e farle una correzione. Si trattava di una piccola imperfezione del dito mignolo della mano e lui la riprese e, bisbigliando, le diede un consiglio.

In quell'istante tutto mi risultò chiaro e capii l'importanza dello studio, della preparazione, della serietà, del valore degli insegnanti e della disponibilità a imparare continuamente. Nella vita di chi fa teatro lo studio non ha mai fine, ed è giusto che sia così, come in seguito è capitato anche a me. È una professione dove ogni sera l'impegno non è solo tecnico, ma emotivo. La vita della ballerina è rigore e preparazione, concentrazione, allenamento, costanza e determinazione, in questo è simile a quella degli sportivi o dei musicisti. La danza non è solo corpo e mente: è creatività.

Verso i quindici anni temetti di dover abbandonare la danza per un problema fisico, un dolore all'alluce, molto intenso, ma la mia insegnante mi convinse a resistere e con le giuste terapie l'infiammazione passò e io potei proseguire. Durante la mia carriera, poi, ci sono stati altri momenti di stanchezza, ma mai fino al punto di pensare, anche solo per un attimo, di lasciare il mio lavoro, la mia vita, il mio impegno, il mio interesse.

Personalmente ritengo che troppo spesso il sacrificio fisico dei ballerini venga sopravvalutato, perché in fondo è la conseguenza di una scelta di vita, né più né meno di tante altre. Chi fa questa professione ha la fortuna di scegliere un lavoro che davvero ama e desidera fare veramente. È vero, gli orari sono pesanti, a volte non ci sono neppure, ma se si ama una professione non bisogna lasciarsi spaventare. Per le serate, per le prove, per le creazioni è normale lavorare fino a tardi. A me capitava quasi sempre di restare fino a notte, quando tutti gli altri erano andati via, ma il bello è anche questo.

In ogni professione si ha il dovere di migliorarsi. Anche con la fatica, il lavoro quotidiano è qualcosa di naturale, solo così ci si può esprimere al meglio, scoprire le proprie potenzialità. Bisogna sempre essere seri, concentrati e nello stesso tempo umili e critici verso se stessi.

Il primo riconoscimento arrivò presto, con il famoso *Pas de Quatre*, ideato a metà Ottocento per le quattro più grandi ballerine dell'epoca, Maria Taglioni, Carlotta Grisi, Fanny Cerrito e Lucile Grahn, che si esibirono insieme a Londra in un evento importantissimo nella storia della danza.

Anton Dolin, famoso ballerino e coreografo, nel 1957 lo ricreò al Festival di Nervi e scelse le tre più grandi ballerine di quel momento: Alicia Markova,

Yvette Chauviré, Margrethe Schanne e infine me, che avevo appena ventun anni e nessuna reputazione internazionale. Dolin mi chiamò per un'audizione a Parigi. Arrivai al mattino, dopo un viaggio notturno e alle undici ero nello studio, con il cuore in gola e le gambe che tremavano. Entrai in sala audizioni e lui mi guardò con una serenità acutissima, come se volesse metter a nudo la mia anima. Mi disse «Signorina, fammi vedere un arabesque» poi disse «mi ricordi più di tutte Olga Spessivtseva» e il ruolo di Fanny Cerrito nel *Pas de Quatre* fu mio. E pensare che non sapevo nemmeno chi fosse la Spessivtseva!

Anni dopo andai a trovarla al Tolstoj Foundation Hospital di New York... che profonda emozione.

Già in precedenza, quando ancora frequentavo la scuola, ero stata scelta da importanti coreografi ospiti alla Scala, come George Balanchine che mi scelse quando ancora ero solo un'allieva.

La mia prima grande possibilità giunse con John Cranko, quando ero ancora una giovane del corpo di ballo nella Compagnia del Teatro alla Scala e lui creò per me *Romeo e Giulietta* da eseguire al Teatro Verde dell'Isola di San Giorgio a Venezia. Dopo quell'esperienza, Cranko avrebbe voluto che lo seguissi a Stoccarda dove era divenuto nel frattempo direttore della compagnia, ma avevo vent'anni, capisce, non ebbi il coraggio di lasciare la Scala, l'Italia. Attesi ancora qualche anno, poi iniziai la mia carriera in tutti i più importanti teatri del mondo e con le più prestigiose compagnie di danza.

In quegli anni ballai con i più grandi ballerini del nostro tempo ed ebbi grandi gratificazioni dal pubblico, oltre alla possibilità di conoscere artisti, scrittori, personaggi che mi hanno aiutata con la loro intelligenza e il loro affetto. Lavorai in tutto il mondo con le più prestigiose compagnie: dal Sudafrica al Canada, da Tokyo a Stoccolma, da Buenos Aires a Berlino, da New York a Mosca e da Budapest a Madrid, e soprattutto in Italia in teatri piccoli, piccolissimi, grandi, grandissimi. Danzai negli stadi, in piccole piazze di cittadine calabresi, sul sagrato di San Pietro a Roma, nel teatrino delle carceri di San Vittore a Milano e così via, quasi dappertutto.

La vita mi ha riservato anche la gioia di divenire madre; come ha scritto Gertrude Stein: un figlio è un figlio è un figlio è un figlio... Da mio figlio Francesco, che oggi è architetto, e da Dina, sua moglie, sono nati poi due esseri straordinari, Giovanni e Ariele: un nipote è un nipote è un nipote è un nipote... e così via fino al significato più profondo della vita.

Danzai fino al quarto mese di gravidanza. Francesco negli anni successivi viaggiò molto con me, a sei mesi lo portai a New York dove ballavo con l'American Ballet Theatre, famosa compagnia americana dove ero ospite permanente e dove sono rimasta per ventiquattro stagioni, dodici anni. Era un continuo avanti e indietro Stati Uniti-Italia, Italia-Stati Uniti. Nonostante ciò, la nostra piccola famiglia in quegli anni affascinantissimi fu sempre unita, grazie anche alla fortuna che ha rappresentato per tutti noi la presenza costante di Luisa. E come scriverebbe Gertrude Stein: Luisa è Luisa è Luisa...

Nonostante i molti riconoscimenti e le tante soddisfazioni ottenute nel corso della mia carriera, non ho mai dimenticato la semplicità della vita dei miei nonni e dei miei genitori, senza mai perdere il senso, il ricordo e il rispetto delle mie origini, un valore che ho cercato di insegnare a mio figlio, insieme alla necessità di vivere la vita con onestà e con serietà.

Io e mio marito abbiamo insegnato a nostro figlio l'importanza del lavoro e della correttezza. Forse oggi alcuni ruoli vengono conquistati troppo in fretta, rischiando di perdere l'umiltà, la serietà e il rispetto per l'impegno e il lavoro, in qualsiasi professione, valori che invece non possono essere mai trascurati, perché anche quando si ottiene il successo bisogna sempre cercare di migliorarsi e di avere la capacità di ricominciare da capo. In tutto ciò che facciamo la serietà va messa al primo posto.

La vita è sempre prima posizione: bisogna sempre mettersi in discussione, mai dire ah... tanto sono arrivata e non ho più bisogno di imparare, perché la vita è sempre prima posizione.

Anche dopo aver eseguito innumerevoli balletti, ripetuto tanti pezzi di repertorio e consumato migliaia di scarpine da ballo, ci ho messo sempre lo stesso impegno, la sera della prima alla Scala come della replica in un teatro minore. A volte l'esecuzione più bella arriva in un teatro meno importante, grazie al feeling che si crea con il pubblico o all'intesa con il partner, e in questa serie di variabili sono racchiusi il fascino e l'emozione della nostra professione, perché quando sali sul palcoscenico non sai mai come andrà a finire. Parte del mio successo e dell'affetto che il pubblico mi ha tributato derivano proprio dal fatto di aver creduto nel decentramento, nella necessità di divulgare e promuovere la danza nei teatri, nelle piazze, nei tendoni.

Oggi avrei ancora un desiderio da realizzare, quello di formare una Compagnia nazionale di danza, che l'Italia meriterebbe di avere. Purtroppo però questo obiettivo non sembra avvicinarsi e al momento non so quale potrà essere il futuro della danza in Italia. Oggi molte compagnie di danza sono state smantellate, è un momento pericoloso per la danza, una forma d'arte importante, che andrebbe sostenuta e non svilita o impoverita. Tuttavia voglio essere ottimista e coltivare ancora la speranza di veder realizzato il mio progetto.

Tanti sono i coreografi con cui ho collaborato, tante le insegnanti che mi hanno formato, tanti i danzatori che mi hanno ispirato, ma devo molto anche a personaggi estranei al mondo della danza.

Una persona in particolare? Forse Eugenio Montale, che scrisse una poesia per me, ma anche Francesco Messina, che mi chiese di posare per lui, Bruno Cassinari, Aligi Sassu, Renato Guttuso, Eduardo De Filippo, Vittorio De Sica, Luchino Visconti, Piero Tosi. Da tutte queste persone straordinarie e geniali ho potuto imparare qualcosa, anche se in campi diversi e al di fuori della danza. Un pensiero speciale va ad Alda Merini e Mario Luzi... Grazie a tutte queste esperienze eccezionali la mia mente ha potuto aprirsi e vedere la vita in modo più aperto e più consapevole.

Anche l'incontro con la professoressa Rita Levi-Montalcini, che io considero una luce per l'umanità, ha significato moltissimo per me. Ricordo che amava ripetere una frase: «Mai andare in pensione», intendendo che finché abbiamo la forza e la determinazione dobbiamo proseguire il nostro lavoro per insegnare ai giovani.

A tal proposito, non posso non citare le altre grandi insegnanti che ho avuto: Valentina Pereyaslavec, Esmée Bulnes, Olga Preobrajenska. Quest'ultima ha insegnato fino a quasi novant'anni e mi sembra ancora di vederla nello studio a Parigi, in classe a studiare; molto piccola di statura, vestita con lo scamiciato nero da cui spuntava una camicia bianca, appoggiata al pianoforte intenta a mostrare gli esercizi. Fino a quando una persona ha il coraggio e la forza di andare avanti, deve andare avanti!

La solidarietà è un dovere morale verso gli altri ma anche verso noi stessi. Non possiamo non avere l'onestà di saper guardare il nostro prossimo. Rita Levi-Montalcini, con il suo modello di vita, ci ha aiutato in questo senso e noi non dobbiamo mai dimenticarlo.

MARGHERITA HACK

Margherita Hack è un'astrofisica italiana, nota in tutto il mondo. Si è laureata in fisica presso l'Università degli studi di Firenze nel 1945, con una tesi sulle Cefeidi. Subito dopo la laurea ha iniziato l'attività di ricerca presso l'Osservatorio astrofisico di Arcetri.

In seguito ha collaborato con l'Istituto di fisica dell'Università di Milano e con diverse università straniere, in particolare quelle di Berkeley, Princeton, Parigi, Utrecht.

Nel 1964 è divenuta professor ordinario, ottenendo la cattedra di astronomia presso l'Università degli studi di Trieste e l'incarico di direttore dell'Osservatorio astronomico di Trieste, ruolo che ha ricoperto fino al 1987. È stata inoltre direttore del Dipartimento di astronomia presso la stessa Università di Trieste e ha scritto numerosi testi in campo scientifico e divulgativo.

In gioventù ha ottenuto molti successi sportivi, divenendo campionessa universitaria di salto in lungo e salto in alto.

Ero una bambina normale, anche se non mi sono mai piaciute le bambole, ma preferivo i giochi all'aria aperta, nei giardini, nelle piazze. A quei tempi non si aveva quasi nulla e quello che si aveva era desiderato e prezioso.

Ero curiosa, e già prima di andare a scuola imparai a leggere e scrivere, tanto che mi iscrissi direttamente alla seconda. Non ricordo a quell'epoca che cosa sognassi di fare da grande, certamente mi piaceva molto lo sport. Quante volte ho giocato con le biglie, in cortile o ai giardini pubblici, ma la mia grande passione è stata la bicicletta. Ho imparato su una bicicletta da adulto, mi insegnò un amico dei miei genitori, ma per averne una tutta mia dovetti aspettare molto tempo e un'occasione speciale: la promozione in prima liceo.

Ho avuto la fortuna di avere due genitori avanti un secolo rispetto alle famiglie di allora. Mi hanno dato libertà e nello stesso tempo hanno cercato di responsabilizzarmi e non hanno mai detto «devi fare questo, non devi fare quello solo perché sei una femmina».

Babbo era impiegato alla Valdarno, un'azienda elettrica, mamma lavorava al telegrafo, ma dopo la mia nascita aveva dovuto smettere. Conciliare famiglia e lavoro non è un problema solo delle madri di oggi, anzi, quando ero piccola le donne che lavoravano erano davvero poche. In seguito il babbo fu licenziato e la mamma riprese a lavorare, ma in un settore diverso. Sfruttò il diploma ottenuto all'Accademia di Belle Arti e si mise a fare miniature dei quadri esposti agli Uffizi. Negli anni successivi mio padre divenne segretario della Sezione Teosofica Fiorentina.

Che dire ancora dei miei genitori... conducevamo una vita semplice, ma loro cercarono di non farmi mancare nulla e soprattutto vollero che studiassi, perché avevano ben chiara l'importanza di una buona cultura. Mia madre si interessava agli studi umanistici, mentre mio padre leggeva di tutto, in particolare libri di fisica e astronomia, e quando ero piccola mi aveva insegnato che cosa fossero i pianeti e la differenza tra stelle e pianeti. Questo non vuol dire che allora pensassi di farne il mio lavoro, ma certo i suoi racconti possono aver influito sulle mie scelte successive.

Da giovane facevo molto sport, anche a livello agonistico. Nel 1941 vinsi i Giochi della gioventù del Littorio, disputati proprio a Firenze. Salii sul gradino più alto del podio sia in salto in alto sia in salto in lungo. L'anno seguente vinsi ancora ma disputai solo il salto in alto. Oltre a darmi grandi soddisfazioni, credo che l'attività atletica abbia anche rafforzato il mio carattere e mi abbia reso più determinata. Grazie allo sport, infatti, i ragazzi imparano a capire il sacrificio, la disciplina e cominciano a comprendere che nulla viene regalato e che se si vogliono ottenere risultati e battere gli avversari inizialmente più forti bisogna lavorare sodo e allenarsi seriamente, tutti insegnamenti molto formativi che aiutano ad affrontare la vita.

I miei genitori pensavano che gli studi più adatti a me fossero quelli classici. In realtà per me andare a scuola non era un gran divertimento. Mi impegnavo seriamente solo perché sapevo che i miei genitori affrontavano grandi sacrifici per mantenermi, ma non avevo una grande passione per lo studio.

In terza ginnasio fui addirittura rimandata a ottobre in matematica. Avevo un professore molto sospettoso e antipatico e, mal sopportando il suo modo di fare, fingevo di leggere sotto il banco, tenendo gli occhi bassi. In realtà sotto il banco non nascondevo nulla, mi divertivo a prenderlo in giro e a stuzzicare il suo carattere diffidente. Un giorno lui venne a vedere e non trovando nulla decise di aprire la mia cartella e trovò il giornale, aperto su un articolo dedicato alla Fiorentina. Disse che stavo leggendo sotto il banco, non era vero, ma da quel giorno mi prese in uggia e mi rimandò a ottobre.

Quando terminai il liceo non avevo affatto le idee chiare su come proseguire gli studi. Probabilmente non sapevo nemmeno che facoltà ci fossero, e così mi iscrissi a lettere, forse perché i miei conoscevano molti laureati in quelle materie, o forse perché ho sempre avuto facilità nello scrivere e da ragazzina mi divertivo a inventare la cronaca degli avvenimenti sportivi.

A lettere, però, ci restai soltanto un'ora, tanto bastò per scocciarmi a morte e capire che quel mondo non faceva per me. Mi resi conto che la mia vera passione era sempre stata un'altra e presi immediatamente la decisione: mi sarei iscritta al corso di laurea in fisica. I miei genitori furono ancora una volta comprensivi e lasciarono che cambiassi facoltà.

All'inizio non fu facile, gli esami erano molto impegnativi, ma nel giro di poco tempo acquisii un buon metodo di studio e già al terzo anno mi resi conto che in alcune esercitazioni ero più veloce dei miei compagni.

Quando giunse il momento di laurearmi, avrei voluto chiedere una tesi in elettronica, che era una materia nuova, emergente, ma il direttore dell'Istituto di fisica decise altrimenti e mi propose un lavoro in elettrostatica, un argomento superato. Insomma avrei dovuto fare una tesi compilativa. Decisi allora di cambiare e di rivolgermi all'Osservatorio astrofisico di Arcetri, che aveva sede cinquanta metri più su, nel comprensorio di Arcetri, e fu così che andai a chiedere la tesi all'Istituto di astronomia. La ottenni e incominciai a osservare come si usava il telescopio, come si sviluppavano le lastre, e a imparare tutte le tecniche necessarie per approfondire l'argomento. In fondo se ho fatto la tesi in astronomia è stato un puro caso! Se avessi ottenuto la tesi in elettronica non mi sarebbe nemmeno venuto in mente di chiederla. Ma la mia prima passione rimane la fisica. L'astronomia per me rappresenta infatti una palestra in cui tutti i principi della fisica vengono applicati per interpretare le radiazioni emesse dai corpi celesti.

Preparando la tesi ho capito quanto mi piacesse fare ricerca e ho deciso di continuare. Sono stata molto fortunata, perché ho fatto solo due o tre anni di precariato. Mi è andata meglio rispetto ai giovani d'oggi! Mi sono laureata nel gennaio del 1945, c'era ancora la guerra, ma malgrado la drammaticità del momento, noi giovani avevamo meno difficoltà di oggi per trovare un lavoro. Infatti nel 1948 ero già assistente incaricata e nel 1950 assistente di ruolo alla cattedra di astronomia.

I primi anni mi fermai ad Arcetri, poi nel 1954 accettai di lavorare a Merate, in Brianza, nella succursale dell'Osservatorio di Brera, dove restai per dieci anni, un periodo fondamentale per il mio lavoro, costellato da frequenti soggiorni all'estero, fra i quali ricordo sempre i mesi trascorsi a Utrecht, in Olanda, e a Berkeley, in California. Mio marito Aldo, però, non stava bene e il clima non gli giovava, e così nel 1964 ci trasferimmo a Trieste, la città in cui tuttora abitiamo, e presso la cui università avevo ottenuto la cattedra di astronomia e sono oggi professore emerito.

La cattedra di astronomia dell'Università di Trieste significava anche divenire direttore dell'Osservatorio astronomico. I primi mesi non furono semplici, soprattutto perché il mio predecessore non era per nulla soddisfatto del mio incarico e al mio posto avrebbe preferito uno dei suoi allievi. Oltre alla difficoltà dell'inserimento nel nuovo ambiente di lavoro, ero molto preoccupata per Aldo, che era gravemente malato e si era trasferito a Firenze, per cui ogni venerdì sera correvo da lui, per poi ripartire la domenica. Per fortuna si riprese e il clima asciutto di Trieste giovò molto alla sua salute.

L'incarico a Trieste comportò molte responsabilità, perché l'Osservatorio era l'ultimo in Italia e necessitava di molti lavori, ma già nel 1971 era conosciuto a livello internazionale.

Il lavoro e le sfide importanti mi sono sempre piaciute, anche se le innumerevoli pratiche burocratiche proprio mi pesavano! Poi c'erano le lezioni all'università, le riunioni, i consigli di facoltà e talvolta mi rimaneva un'ora soltanto per dedicarmi alla ricerca, la parte della mia professione che in assoluto mi piaceva di più!

Ho sempre considerato l'attività di ricerca astrofisica un lavoro divertente, perché è una sorta di sfida a comprendere dall'analisi della luce i fenomeni che avvengono in una stella, applicando le leggi della fisica. Trovo inoltre affascinante studiare i fenomeni che avvengono in un corpo così lontano e intangibile. Si tratta di un lavoro impegnativo, ma capace di dare grandi soddisfazioni, soprattutto quando riesci a fare una scoperta, a trovare un modello che spieghi certi comportamenti e ti rendi conto che i tuoi studi ti hanno condotto a una spiegazione ragionevole. In quei momenti è veramente un lavoro bellissimo.

Nella vita penso che conti avere fiducia in se stessi e credo si debba incoraggiare i bambini fin da piccoli a contare sulle proprie forze, sulle proprie capacità, a nutrire la certezza di poter andare avanti, anche nelle difficoltà, perché la vita non sempre è semplice e riserva molte sorprese, ma noi dobbiamo essere in grado di affrontare le difficoltà, gli impegni, i sacrifici.

La fiducia nelle proprie capacità è importante quanto l'intelligenza, che vuol dire sapersi adattare alle condizioni dell'ambiente e del momento e cogliere le opportunità che si presentano nei campi che ci interessano di più.

L'intelligenza è anche la curiosità di capire il perché del mondo che ci circonda, il perché accadono le cose, il perché delle cose, e si sviluppa fin da subito, appena nati, quando si inizia a esplorare il mondo che ci circonda, a scoprire, a sperimentare. Un lattante che butta per terra un oggetto in fondo sperimenta la legge di gravità; un bambino piccolo che inizia a toccare tutto, poi a chiedere tutto, sta costruendo il software del proprio cervello, che costituisce il nostro computer.

Noi dobbiamo pensare che da questo bruscolino che è la terra nel giro di un secolo si è arrivati a capire moltissimo dell'universo, un progresso sorprendente di cui dovremmo essere tutti orgogliosi.

Grazie alla ricerca scientifica oggi abbiamo a nostra disposizione molte informazioni: intanto sappiamo che il Big Bang è avvenuto tra tredici miliardi e seicento milioni di anni fa e tredici miliardi e settecento milioni di anni fa, e poi abbiamo l'immagine dell'universo da 400.000 anni dopo il Big Bang fino a oggi. Tutto questo ha del favoloso, ma si basa su osservazioni scientifiche e il merito è dell'uomo e del suo straordinario computer, il cervello!

E tuttavia ci sono ancora tante cose che non si conoscono dell'universo. Ad esempio non sappiamo se l'universo sia finito o infinito, anche se io penso che sia infinito nel tempo e nello spazio. Di conseguenza, a proposito del Big Bang, non possiamo essere certi che davvero sia stato il principio dell'universo, perché se davvero l'universo è infinito nel tempo, è possibile che sia sempre esistito e che quindi il Big Bang sia stato solo una fase, l'inizio di ciò che noi possiamo attualmente vedere.

Ma ci sono anche molte altre domande insolute a cui forse non sapremo mai rispondere. Come mai c'è la materia? Come mai da una massa di particelle elementari si è arrivati a strutture così complesse come la vita? Questo non possiamo saperlo, ma è comunque straordinario pensare che l'uomo sia riuscito a capire così tanto sull'universo e sulla sua storia, grazie alle proprie capacità e agli strumenti che è stato in grado di costruire.

Certo, credere nell'esistenza di Dio spiegherebbe tutto, ma, a mio avviso, non è soddisfacente.

Noi facciamo parte di un tutto, perché possiamo affermare che la materia di cui siamo fatti noi è il frutto delle reazioni nucleari che avvengono all'interno delle stelle, in particolare delle supernove, stelle molto grandi, molto più grandi del sole, che alla fine della loro vita esplodono e sparpagliano nello spazio il risultato delle reazioni nucleari avvenute nel loro interno, da cui si formano altre stelle con i loro pianeti ed eventualmente anche la vita. Di conseguenza possiamo affermare da una parte che siamo un prodotto dell'evoluzione dell'universo, dall'altra che siamo tutti figli delle stelle, perché siamo fatti di materia costruita dentro le stelle.

Nel cielo è come sulla terra, dove ci sono i continenti, nei continenti le nazioni, nelle nazioni le città. Le galassie sono come i continenti, poi ci sono le famiglie di stelle, che sono un po' come le nazioni, e infine le stelle, che sono come le città. Il nostro continente, la Via Lattea, ha quattrocento miliardi di stelle, un numero impressionante.

Anche le stelle invecchiano. Anche il sole invecchierà e diventerà tanto grande da toccare l'orbita della terra e a quel punto la vita sulla terra finirà. Ma questo succederà tra cinque miliardi di anni, dopo di che il sole si andrà lentamente spegnendo, impiegando altri miliardi di anni, per poi morire di una morte tranquilla.

Quando penso ai valori penso anzitutto alla libertà e alla giustizia. Bisogna rispettare la libertà degli altri e cercare di comportarsi con lealtà verso chi ci sta accanto. Poi viene l'affetto per il prossimo. Noi uomini, infatti, non siamo nati per stare soli, e l'amore per le persone che ci stanno intorno deve essere un punto centrale della nostra vita.

Inoltre credo che si debba vivere sapendosi accontentare di ciò che si ha, godendo della vicinanza delle persone care e apprezzando le gioie che la vita ci regala, un atteggiamento che ho sempre fatto mio e che mi ha permesso di essere una persona felice.

Infine bisogna essere pronti, secondo le proprie possibilità, ad aiutare in qualsiasi modo chi può avere bisogno di un aiuto morale o pratico, condividendo i suoi problemi, secondo il concetto di solidarietà.

Insomma: ama il prossimo tuo come te stesso, cerca di essere giusto e corretto verso gli altri, non fare agli altri quello che non vorresti fosse fatto a te, accontentati di ciò che hai e sii solidale con gli altri: tutte idee su cui si possono impostare la propria vita e i propri rapporti con gli altri e con il mondo senza alcun bisogno di credere in Dio. Io sono completamente atea, ma vivo secondo coscienza e ritengo che l'uomo debba rispettare e amare il prossimo e ogni forma vivente.

MARIA LUISA SPAZIANI

Maria Luisa Spaziani è scrittrice e poetessa, una delle più suggestive voci della poesia contemporanea.
  È stata a lungo docente di Letteratura francese presso l'Università degli studi di Messina, ed è autrice di numerose opere saggistiche e di importanti traduzioni.
  Ha scritto numerosi libri in versi, tra cui Le acque del sabato, Transito con catene, La traversata dell'oasi *e* La Luna è già alta *e il poema-romanzo* Giovanna D'Arco, *tradotto e rappresentato in molti paesi.*
  Fra le sue opere in prosa, Donne in poesia, *la raccolta di racconti* La freccia *e* Montale e la Volpe.
  Nel 1982 ha fondato il Centro Internazionale Eugenio Montale e l'omonimo premio.
  Nel 2012 è uscita l'intera raccolta delle sue poesie nella collana I Meridiani di Mondadori.

Mi ricordo di mia madre e della sua sensibilità.
  La sensibilità è tutto, al pari dell'intelligenza, anche se sono due cose diverse. La sensibilità fa appercepire una quantità enorme di cose che normalmente non si vedono. Io ho avuto la fortuna di prendere la sensibilità soprattutto da mia madre.

Mi diceva « Maria Luisa, andiamo al Valentino, siamo alla fine di febbraio, ma ci sono già le margherite piccole, *quelle con i bordi blu anche se sono bianche*». Camminavamo e lei mi spiegava la natura. Era figlia di agricoltori dell'astigiano e mi insegnava a riconoscere i frutti, gli animali, a saperli guardare, non solo a conoscerli. Poi andavamo alla vendemmia nel mese di ottobre e lì io ho imparato tante altre cose, a mungere per esempio, a bere quel latte incredibile, dolce, stupendo e poi c'era la raccolta dei fichi, delle nocciole.

Devo molto anche a mio padre. Era industriale e non aveva una cultura specifica della parola, ma aveva immagini, metafore e un modo di parlare che non era comune. Giocavamo a tennis o al tamburello nel grande terrazzo e una volta vide un uccellino, lassù, appoggiato a un filo e disse: «Fa' attenzione all'arbitro». Non tutti gli uomini normali avrebbero detto così, piuttosto: questo è un tamburello, quello è un uccello.

Tutte queste cose io le ho registrate in me e capitalizzate in seguito, perché avevo capito quanto fossero importanti.

La sensibilità è mettere l'alone alle cose. Noi normalmente diciamo: quella è una matita, questa è una caffettiera, ma se riusciamo a vedere quello stesso oggetto in modo diverso, notiamo aspetti che ai più sfuggono.

È come nella Pop Art americana. Che cosa ha fatto? Che cosa ha inventato? La Pop Art ha inventato che un dentifricio può essere lungo due metri. Perché? Perché ha rotto la consuetudine, l'abitudine, la pigrizia dell'occhio secondo cui un dentifricio deve essere lungo quindici centimetri e non può essere diversamente. La stessa cosa si fa in poesia: si prende un oggetto e lo si mette in un contesto nuovo, personalizzato e vibrante. Le faccio subito un esempio. Guido Gozzano ha scritto una poesia in cui c'era la parola *bicicletta* ed è stato attaccato da Francesco Pastonchi, allora considerato grande poeta, poi caduto in oblio.

Era un uomo bellissimo, camminava sotto i portici con la lobbia, quei cappelli da sera col bordo di seta. Era amato da tutte le donne: due o tre suicidi erano avvenuti per amor suo e leggeva Dante. Pastonchi aveva stroncato Gozzano, su *La Stampa*, perché aveva usato una parola come *bicicletta*, un oggetto brutto, ferruginoso, non musicale. In realtà Gozzano descrive una ragazzina di sedici anni che va a trovare una vecchia signora e appoggia sulla bicicletta un gran mazzo di rose... prima si vede il mazzo di rose e poi la bicicletta... *la bicicletta accesa da un gran mazzo di rose*. La bicicletta è diventata un'altra cosa, perché Gozzano ha saputo vederla con l'alone e da quel momento la bicicletta è entrata in poesia.

Quando ero giovane Torino era una piccola Atene, una città di persone intelligenti, amanti della letteratura, della scienza, della critica e della pittura grazie a Felice Casorati. Conoscevo molti pittori, perché il padre di mio marito era il pittore Venanzio Zolla. Vede quel quadro alle sue spalle? È un mio ritratto, l'ha fatto lui quando avevo ventiquattro anni.

Torino era un centro di straordinaria intensità culturale. Allora frequentavo l'università e per la prima volta avevo la possibilità di avvicinare alcuni poeti, grazie alla mia rivista, che in un primo momento si chiamava *Il Girasole* e poi si è chiamata *Il Dado*. Mi pareva una cosetta da ragazzi, invece a distanza di anni ho scoperto che aveva avuto importanza.

Ho sempre rimpianto la Torino di quegli anni e quel tipo di conversazione intelligente, che oggi non esiste più... non esiste più. Quando dieci anni fa sono venuta a stare a Roma, avevo concepito l'idea romantica di dar vita a incontri letterari ogni mercoledì pomeriggio.

Dicevo: sono a casa il mercoledì, vi aspetto. È arrivato il sottobosco, tutti quelli che avevano bisogno dell'editore, della prefazione, di avere un parere sulle loro poesie. Ricevevo solo postulanti, mai persone interessate a parlare di un poeta, di un movimento, di un'idea e ho capito che non era più il tempo dei salotti. Un pochino quel tempo l'ho ritrovato a Parigi. Negli anni Cinquanta c'erano grandi scrittori: Sartre, Colette, Simone de Beauvoir, Éluard. È stato molto bello e li ho conosciuti tutti. Qui a Roma solo qualche volta ho percepito qualche sodalizio letterario, ma perfino con i poeti più fraterni non ci si trova: non c'è tempo... ci si trova solo alla presentazione dei rispettivi libri e al cocktail, in fretta e furia, ci si scambia qualche idea.

Quindi se devo pensare a una miniera di cultura dove io mi sia formata, è la Torino della mia giovinezza.

Ho avuto la fortuna di avere due o tre professori grandiosi al liceo che mi hanno veramente dato il senso della poesia. Uno di questi si chiamava Vincenzo Ciaffi, a cui io devo l'ottanta per cento di quello che sono diventata. È stato proprio lui a imprestarmi *Ossi di seppia* edizione Gobetti, che adesso è diventata una rarità assoluta. Io a Viareggio, al mare con la famiglia, mettevo questa preziosissima edizione sul manubrio della bicicletta e andavo in pineta da sola, mi mettevo in una nicchia formata da un pino sradicato dal vento e leggevo e rileggevo ad alta voce *Ossi di seppia*, che ricordo ancora a memoria, un po' come le preghiere.

La poesia si studiava a scuola ed era nell'aria del tempo. La poesia era viva, importante, oggi non lo è più.

Intanto studiavamo i versi a memoria. *Piemonte* di Carducci, ad esempio. È una saffica, quattro versi e uno breve, quattro versi e uno breve, endecasillabi e quinario. Io l'ho studiato tutto a memoria e ancora adesso lo potrei recitare.

Oggi i giovani non studiano più neppure quattro versi!

Quando insegnavo all'università dicevo ai ragazzi: di quest'autore scegli la poesia che in questo momento è più adatta a te e studiala a memoria. Trova quella in cui ti rispecchi, perché la psicologia del poeta in quel momento ha qualcosa in comune con te, proprio con te. Scoprilo, scegli quale!

Mi piaceva parlare ai ragazzi di poesia, anche al di là delle ore di lezione. Facevamo dei discorsi sulla metrica italiana, sulla poesia, su come nasce un verso e li aiutavo a tirare fuori quello che avevano timore di dire.

Quanto mi sono appassionata e quanto li ho coinvolti!

È stato Montale a cercare me. Cosa strana, perché io non ero proprio nessuno, non avevo pubblicato niente, ero una sconosciuta: avevo diretto *Il Dado*, ma chi lo sapeva? Era una rivistina, neanche si vendeva, si regalava. Comunque sia, non mi sarebbe mai venuto in mente di andare da Montale, questa è un'idea assolutamente moderna e contemporanea. Non mi sembrava nemmeno che i poeti fossero realmente incarnati, li immaginavo in una torre d'avorio.

Ero andata a sentire una sua conferenza a Torino. Sono rimasta delusa, perché non era stata una conferenza memorabile, ma una comunissima conferenza di un letterato.

Non lo volevo conoscere, mi avevano detto che era avaro, rispondeva male, odiava le poetesse. Ho pensato: l'uomo che ha scritto «Mediterraneo» di *Ossi di seppia* per me è comunque un dio, però se posso evitare delusioni è meglio.

Al termine della sua conferenza una delle organizzatrici mi è corsa dietro dicendo: «Ferma, ferma, vogliamo presentare i poeti presenti a Montale!»

Ho risposto: «Guardi che non sono un poeta».

«Non importa, non importa.»

Montale si avvicinò, eravamo in sei, io ero la penultima, l'unica donna.

Ecco, passa e ai primi quattro dice distrattamente «piacere, piacere, piacere...» con distacco. Quando arriva davanti a me alza gli occhi e dice: «È lei?»

È un momento terribile e per vincere l'imbarazzo la butto sul gioco e rispondo «Sono io in carne e ossa».

«Non mi ha mai invitato a collaborare alla sua rivista!»

Rispondo: «Non avrei osato, non mi sarebbe mai venuta in mente una cosa simile».

E lui: «Ma io ho aspettato!»

Allora si crea un silenzio, ci guardiamo tutti e lui non prosegue.

Allora dico: «Viene a pranzo da me domani?» Ma come mi è venuta quest'idea!

Lui risponde «Sì» prima che finissi la frase.

Ricordo che sono arrivata a casa volando, perché mi era successo qualcosa di incredibile: Montale mi conosceva, mi rivolgeva la parola, accettava un invito a pranzo.

A casa mia si parlava sempre di Montale e Proust, Proust e Montale. Erano nei nostri discorsi quotidiani. Allora quella sera entro nella camera dei miei genitori, mio padre dorme e mia madre legge: «Mamma, non ti spaventare, domani viene Montale a pranzo».

Lei mi guarda con aria severa: «Meno male che Proust è morto!»

Nel libro ho voluto dare un'immagine di Montale diversa, perché descrivere un incontro ad alto vertice tra me e Montale sarebbe stato tra l'altro molto presuntuoso. Io la vedo così, lui la vede così, ma scherziamo? Montale è il più grande poeta del Novecento! L'unico modo per affrontare un discorso del genere è stato quello di fare un libro umoristico, dove si vede un Montale senza cravatta, che si abbandona a pettegolezzi, che perde il calzino al mare. Sia chiaro, non è una sua biografia. L'opera, come dice Proust, è tutto. Il resto sono briciole, ma quelle briciole possono essere molto significative.

C'è un mistero, legato al nostro incontro. A Firenze c'era un pittore, Guido Peyron, che era conosciuto per essere un saggio, un negromante, un indovino.

Mario Luzi mi aveva detto: «Maria Luisa, non partire da Firenze senza prima avere fatto una visita a Guido Peyron». Sono andata e l'ho conosciuto, poi per sette, otto anni non ho più sentito parlare di quest'uomo. Intanto avevo conosciuto Montale. Ogni tanto gli chiedevo come gli fosse venuto in mente di accettare quell'invito a pranzo e lui si limitava a dire: «Così».

Un giorno, tempo dopo, finalmente mi confida: «Mi sono ricordato di una cosa. Tante volte tu mi hai domandato perché quel giorno avessi accettato un tuo invito, sai... il pittore Peyron, un giorno mi aveva scritto: '... peccato Eugenio che tu non sia venuto al Premio Le Grazie, dove eri in giuria, c'era una ragazza di Torino che finalmente avrebbe fatto al caso tuo!'»

Peyron, senza avere rivelato il mio nome, mi aveva individuato come la donna futura della vita di Montale.

Eugenio vedeva in me lati comunissimi, che a lui sembravano eccezionali. Mi ricordo una sera in cui passeggiavamo in un viale e lui mi stava riaccompagnando a casa, a Torino. Improvvisamente esce un rospo da una fogna e io, che ho sempre avuto una vista d'aquila, dico: «Oh, guarda, c'è un rospo».

E lui: «Ti rendi conto di come hai detto c'è un rospo? Le donne si dividono in due categorie: quelle che dicono ah, che schifo; quelle che dicono oh c'è un rospetto, prendiamolo, profumiamolo. Sono le reazioni comuni, tu hai detto con tono assolutamente neutro, pacato e fraterno oh, c'è un rospo».

A Milano c'era un vecchio diplomatico caduto in miseria, con le scarpe da tennis e la lobbia dai bordi di seta. Perseguitava la gente dicendo: «I signori comprano una mia poesia autografa? Mille lire».

Montale lo evitava perché era avaro e tutte le volte che doveva aprire il portafoglio provava un fastidio tremendo. Una sera usciamo dal ristorante Bagutta, c'era una leggera nebbiolina, e ci troviamo davanti quel signore che noi chiamavamo l'ambasciatore: «I signori mi comprano una poesia?»

Montale non riesce a evitarlo e risponde: «Via, via, noi odiamo la poesia!» Il poveraccio fa un passo indietro e commenta: «Cari signori, non tutti possono capirla!»

Giovanna d'Arco è il mio libro più bello, insieme a *La traversata dell'oasi*. Giovanna d'Arco è l'eroina per eccellenza. Mi sono appassionata a lei che ero appena una ragazzina, poi nel 1988, in soli trentun giorni, ho scritto questo poema in versi, potrei dire che si è scritto da solo. Ho visto in Giovanna d'Arco l'eroina, la donna libera, moderna, appassionata, sganciata da tutte le costrizioni del tempo, senza paura, solo con il fuoco dell'ideale. Mi è sembrato il più grande sogno umano che si potesse avere!

Un'altra donna di cui mi sono occupata è Caterina di Russia, che è l'emblema della donna che si è fatta da sola, perché non era figlia dello zar, non aveva la minima possibilità di diventare zarina di tutte le Russie e aveva diciassette anni quando si è messa in mente quest'idea.

Io ho sempre adorato le donne, nella storia e nella vita, perché sono state vittime spaventose, al di là di quello che si può pensare. Noi pensiamo alla donna maltrattata, presa a schiaffi, magari uccisa, ma non è solo questo. L'uomo si è sempre considerato il centro dell'universo e il predatore, mentre la femmina è la preda. Ogni persona deve battersi per il suo destino personale, ma la donna deve battersi di più, perché l'uomo è figlio di un'occasione storica più forte.

Io ho sempre fatto una grande campagna, anche storica, in difesa delle donne e ho anche pubblicato un libro dal titolo *Donne in poesia*, dedicato a venti donne tra cui Emily Dickinson, Ada Negri, Amalia Guglielminetti, Ingeborg Bachmann, Marie Krysinska, poetessa polacca che ha inventato il verso libero, e Marceline Desbordes-Valmore. Alla sua morte due o tre giovani scrittori, tra cui nientemeno che Victor Hugo, Verlaine e Rimbaud organizzarono un funerale solenne, c'erano sei, settemila persone e tutti la chiamavano Maestro.

Tante volte ho pensato a tutte queste donne che non hanno perso tempo, hanno individuato il bersaglio e hanno vissuto perché la loro freccia andasse dritta a segno! È stupefacente, è molto bello. Sicuramente, anche se in un campo diverso, Rita Levi-Montalcini fa parte di queste eroine.

Della società di oggi penso molto male, forse perché oggi l'informazione ci fa vedere cose che prima erano invisibili, il marcio che c'è dentro le persone, le tangenti, le ruberie. Mio padre mi aveva raccontato il caso di un onorevole che era stato incriminato perché aveva rubato un calamaio.

Una volta ero in un albergo di New York e mi è capitato un fatto curioso, che può aiutare a capire una certa mentalità. Ho chiesto a una cameriera: «Mi sono innamorata di questi posacenere. Ne vorrei comprare uno, a chi mi devo rivolgere?»

Si è presa la pancia in mano dal ridere e ha risposto: «Vuole acquistarne uno? Qui rubano anche i rubinetti del bagno! Prenda quelli che vuole!»

«Scherziamo!» ho risposto.

Deve avermi trovata molto comica. Come ci siamo abituati al furto... come ci siamo abituati a una certa mentalità!

Quando insegnavo all'università avevo messo una legge personale sulle raccomandazioni. Al mio ritorno da Roma trovavo sempre il tavolo pieno di lettere, tutte raccomandazioni, allora avevo fatto affiggere in bacheca un avviso che diceva: per gli esami della professoressa Spaziani è proibito presentarsi senza raccomandazione.

Non capivano, dicevano: «Guardi che c'è un errore».

«Nessun errore» ribattevo io, «non presentatevi qui senza raccomandazione, così siete tutti uguali». Allora un ragazzo si fa avanti e dice: «Signora, sono figlio di contadini, non conosciamo nessuno».

«Si faccia raccomandare da sua madre, suo padre... mi basta».

Di poche cose in vita mia sono stata orgogliosa come di questa trovata!

Però questa mentalità è un peccato, fa male.

L'indifferenza è inferno senza fiamme.
Ricordalo scegliendo
fra mille tinte il tuo fatale grigio.

Se il mondo è senza senso,
tua è la vera colpa.
Aspetta la tua impronta
questa palla di cera.

L'indifferenza è la peggior bestia che si possa immaginare.

L'indifferenza non ti fa male, non è come rigirarsi nelle ortiche, no, no.

L'indifferenza è molto peggio.

La mia poesia è un appello ai giovani e vuol dire «ricordati di avere comunque una passione, ma non una passione autoreferenziale, che finisce per essere pericolosa e abitua al relativismo, ma una passione vera, un valore, un ideale. Vivi per quello e cerca di lasciare la tua impronta».

Oggi l'importante è accumulare ricchezza. Il male del nostro tempo è proprio questo: la smania di possedere, tutto, ora, subito. E di divertirsi a tutti i costi, sempre.

La gente insegue l'immediato fruibile, che ha molto impoverito la fantasia dell'uomo. Non c'è più slancio creativo, perché tutto è commestibile, mercificato.

Bisogna dire ai ragazzi: ogni creatura che vive in questo mondo ha gli stessi diritti morali, vorrei dire metafisici. Ognuno di noi nasce con un capitale minimo e, come dice la parabola dei talenti di Gesù, poi si vede un po' cosa ha fatto ciascuno nella vita, cosa ha fatto fruttare. Questo bisogna dire ai ragazzi: fai in modo che questa palla di cera, che è il nostro mondo, porti anche la tua impronta.

La solidarietà è il cristianesimo realizzato. Il cristianesimo vuol dire amarsi, ma vuol dire soprattutto guardare il fratello che muore di fame e dargli la metà del pane.

La solidarietà è importantissima e nel tempo è cambiata. Nei secoli passati era «beneficenza» o era limitata al nostro rione, alla nostra città. Rita Levi-Montalcini insieme a molti spiriti illuminati del Novecento ha guardato oltre i nostri confini, perché come la nostra anima non ha un limite, neanche il nostro sguardo geografico deve avere un limite. Chi pensa all'Africa? Da secoli l'Africa è sfruttata per la tratta dei neri, le materie prime, i diamanti. Rita Levi-Montalcini si è battuta per far capire che la situazione dell'Africa è uno dei problemi universali più grandi, la cui soluzione potrebbe essere aiutare le donne affinché possano studiare nel loro continente, perché noi siamo eternamente «il secondo sesso», citando il famoso titolo di Simone de Beauvoir.

Le donne africane, quante volte Rita Levi-Montalcini me ne ha parlato!

Non bisogna perdere la speranza, che è una parola che quasi non si usa più, sembra una vecchia parola, ma dobbiamo abituarci a usarla, nuovamente. Come la solidarietà, dobbiamo abituarci a viverla, amarla. Solidarietà è amore. Rita, grazie per averci aiutati a essere un po' più sensibili e intelligenti, a essere più umani.

A pagina 127 è citata la poesia «Aspetta la tua impronta», tratta da Maria Luisa Spaziani, *La stella del libero arbitrio*, Milano, Mondadori, 1986.

INDICE

Prefazione – Il ruolo della solidarietà
per il futuro della specie umana
di Giuseppina Tripodi ... 9

Premessa – L'incontro
di Raffaella Ranise ... 13

Rita Levi-Montalcini ... 17

Carla Accardi ... 32

Biancamaria Bosco Tedeschini Lalli ... 38

Chiara Castellani ... 48

Nicoletta Conti ... 55

Mariella Devia ... 67

Micol Fontana ... 76

Carla Fracci ... 92

Margherita Hack ... 104

Maria Luisa Spaziani ... 115

Fotocomposizione Editype s.r.l.
Agrate Brianza (MB)

Finito di stampare
nel mese di aprile 2013
per conto della Longanesi & C.
da Grafica Veneta S.p.A. di Trebaseleghe (PD)
Printed in Italy